L'outrage aux tribunaux pénaux internationaux

Collection
JUSTICE INTERNATIONALE
Dirigée par Joseph Bemba

La collection "Justice internationale" des Editions L'Harmattan se fixe avant tout pour but d'être un témoin privilégié de l'évolution de la justice internationale et les sujets connexes dans un monde marqué par le passage presque inespéré de la mondialisation des injustices à l'émergence d'une mondialisation de la justice. Elle est une contribution au devoir de mémoire auquel est tenue l'humanité entière, singulièrement depuis l'entrée en fonction de la Cour pénale internationale, le 1er juillet 2002.

Pour la première fois dans l'histoire de l'humanité, un nouveau système juridictionnel permet d'appliquer le droit international à des personnes physiques incluant les plus hauts responsables politiques et militaires qui se sont rendus coupables des crimes les plus graves (crimes de guerre, crimes contre l'humanité, crime de génocide) et ce, indépendamment du bon vouloir des Etats concernés. On mesure le chemin parcouru depuis Nuremberg et Tokyo et celui qui reste à parcourir pour promouvoir la démocratie, les droits de l'homme et les libertés fondamentales, les droits de ces victimes qui doivent enfin pouvoir obtenir justice et laisser à nos enfants et petits enfants un monde nouveau où s'appliquera la règle du droit et de la justice. Ainsi le 21ème siècle sera le siècle de la Justice internationale.

Dans cette perspective, la collection "Justice internationale", qui concerne l'ensemble des juridictions internationales pénales et non pénales, y compris les juridictions régionales et les tribunaux spéciaux établis ou parrainés par les Nations Unies, est ouverte à toutes les approches du droit. Tout en publiant aussi des ouvrages à vocation professionnelle ou pédagogique, elle est susceptible de rassembler des recherches originales tirées notamment des travaux de doctorat, des ouvrages collectifs et entend faire une place importante au commentaire des décisions de la justice internationale, au règlement des différends par l'arbitrage international ainsi qu'aux contributions mettant l'accent sur l'apport de la Francophonie dans la lutte contre l'impunité.

Le but fondamental de la collection est d'informer sur l'évolution de la Justice internationale et les sujets connexes et de contribuer, par ses publications, à ce que la Justice internationale devienne une justice au quotidien.

Déjà parus

Côte-d'Ivoire - Quelques réflexions d'ordre juridique, Joseph Bemba, 2011

Le recours à l'arbitrage par les organisations internationales, Stéphanie Bellier - Avant-propos d'Ahmed Mahiou, 2011

La convention des Nations Unies sur le droit de la mer – Instrument de régulation des relations internationales par le droit, Leslie-Anne Duvic-Paoli – Préface de Guillaume Devin, 2011

Dictionnaire de la justice internationale, de la paix et du développement durable - Principaux termes et expressions (2ème édition revue et complétée), Joseph Bemba, 2011

Le Canada face au terrorisme international, Emilie Grenier - Préface du Professeur Bernard Duhaime, 2011

Vers la création d'une prison internationale – L'exécution des peines prononcées par les juridictions pénales internationales, Evelise Plénet - Préface du Professeur Jean-Charles Froment, Avant-propos de Koffi Kumelio A. Afande, 2010

La Cour pénale internationale et les Etats-Unis - Une analyse juridique du différend, Mayeul Hiéramente, 2008

Justice internationale et liberté d'expression Les médias face aux crimes internationaux, Joseph Bemba – Préface de Loïc Hervouët, 2008

Monnaie africaine – La question de la zone franc en Afrique centrale, Dominique Kounkou - Préface du Professeur Edmond Jouve, 2008

Dictionnaire de la justice internationale, de la paix et du développement, 1ère édition, Joseph Bemba, 2004

La profession d'avocat dans l'espace francophone – Principaux textes et documents, Joseph Bemba, 2004

Julie Pétré

L'outrage aux tribunaux pénaux internationaux

Préface du professeur Hervé Ascensio

L'Harmattan

5-7, rue de l'Ecole-Polytechnique, 75005 Paris

http://www.librairieharmattan.com
diffusion.harmattan@wanadoo.fr
harmattan1@wanadoo.fr

ISBN : 978-2-296-57013-9
EAN : 9782296570139

PRÉFACE

Les tribunaux pénaux internationaux pour l'ex-Yougoslavie et pour le Rwanda ont été créés pour poursuivre et juger des individus accusés d'avoir commis des crimes contre l'humanité ou des crimes de guerre dans un contexte géographiquement et temporellement circonscrit. Pourtant, avec l'infraction d'outrage au tribunal, c'est tout individu portant atteinte à l'administration de la justice pénale internationale qui est désormais susceptible d'être poursuivi. Cet élargissement de la responsabilité pénale internationale est d'autant moins aisé à comprendre qu'il a été réalisé par la voie prétorienne dans le cadre des deux juridictions susmentionnées. Voilà qui heurte nombre de réflexes de juriste, et ce d'autant plus que ledit juriste aura été formé dans la tradition du droit continental. Si l'on ajoute à cela l'écho médiatique d'une affaire récente, concernant une journaliste française, le sujet paraîtra à la fois intriguant et d'une actualité brûlante. Ces divers motifs d'intérêt ont conduit Julie Pétré à choisir de traiter de l'outrage aux tribunaux pénaux internationaux dans son mémoire de seconde année du master de droit pénal et politique criminelle comparés, préparé à l'Ecole de droit de la Sorbonne (Université de Paris 1). Le résultat de son travail mérite certainement d'être porté à la connaissance d'un public large, car, mettant de côté un certain nombre de préventions, l'auteure parvient à rendre compte d'une jurisprudence désormais nourrie et à l'analyser dans le cadre de la discipline pénaliste, sans en éluder les difficultés.

Au moment de leur création, respectivement en 1993 et 1994, la mission assignée par le Conseil de sécurité des Nations Unies aux deux tribunaux pénaux internationaux *ad hoc* sonnait comme un défi. Il paraissait bien difficile de garantir que ces juridictions fonctionneraient correctement, faute pour elles de pouvoir s'appuyer sur une force de police également internationale et de disposer d'un corps étoffé de règles en matière pénale. Pourtant, l'expérience s'est avérée globalement positive, au point que la création d'une juridiction permanente, l'actuelle Cour pénale internationale, a pu être envisagée. Pour une part, ce succès est dû à l'assez bonne coopération des Etats avec les tribunaux *ad hoc*, malgré quelques aléas, ainsi qu'au soutien résolu de la communauté internationale. Pour une autre part, il est dû au raffinement de la technique juridique, à l'enserrement des contraintes matérielles dans des procédures, à l'acceptation d'un pouvoir fort des juges et des procureurs internationaux. L'incrimination de l'outrage au tribunal relève à l'évidence de cette dernière idée, car l'infraction ne figure pas dans les statuts des tribunaux *ad hoc*, rédigés hâtivement, mais dans leur règlement de procédure et de preuve, dont la rédaction et l'adoption a été confiée aux juges eux-mêmes. Sans doute est-il loisible d'y voir un trait caractéristique de l'internationalité de ces juridictions, ou encore la marque d'un certain stade dans l'histoire de la justice pénale internationale. Il n'en est pas moins intéressant de confronter un tel pouvoir à l'idéal-type de la juridiction et aux exigences de la dogmatique pénale, du moins tels qu'ils sont conçus dans les Etats de droit.

L'outrage au tribunal a sans doute une fonction procédurale, puisque la valeur protégée est le bon fonctionnement de l'institution judiciaire, dont on conçoit qu'il soit menacé par des comportements tels que la subrogation de témoins, l'inconduite durant l'audience, voire la divulgation de certaines informations. Mais l'outrage est surtout une infraction, assez vaguement définie à l'origine et assortie de peines plutôt lourdes. Ce constat donne prise à la critique, non seulement en raison du caractère au mieux implicite de l'habilitation donnée à chaque tribunal par le

Conseil de sécurité pour créer du droit pénal substantiel, mais aussi en raison de l'extension inédite de la responsabilité pénale internationale au-delà de la catégorie des crimes internationaux. En effet, cette catégorie ne comportait jusque là que le génocide, les crimes contre l'humanité, les crimes de guerre et le crime d'agression. L'ajout de l'outrage a répondu à un besoin structurel. C'est en un sens la nécessité qui a fait loi, le Conseil de sécurité laissant aux juges le soin de tirer les conclusions logiques de l'acte politique fondateur qu'a été la création de la justice pénale internationale.

Tout en étant consciente de ces particularités contextuelles, Julie Pétré a opté pour une analyse ordonnée et méticuleuse du fondement de l'incrimination et des éléments constitutifs de l'infraction d'une part, de la procédure pénale spécifique imaginée pour en assurer la répression d'autre part. Tel est l'un des principaux mérites du présent ouvrage. Il permet de revenir à des questions de droit essentielles, qui tiennent à la garantie des droits et libertés fondamentaux – y compris la liberté d'expression et d'information –, au respect de l'institution judiciaire, à l'équilibre général de la procédure pénale. Dans le même temps, l'attention portée à la pratique des tribunaux *ad hoc* révèle, à chaque étape, des éléments de spécificité, tenant notamment à la spécialisation de la justice internationale dans la répression des crimes les plus graves et à l'absence d'un système pénal international intégré. L'ouvrage permet ainsi au lecteur de se forger une opinion à la fois éclairée et précise sur l'opportunité d'une telle incrimination, ou encore sur le besoin d'une évolution. À cet égard, on signalera que, si l'article 70 du Statut de la Cour pénale internationale incrimine également les atteintes à l'administration de la justice, l'héritage des tribunaux *ad hoc* n'a pas été repris tel quel. En effet, l'incrimination figure dans le statut lui-même, qui est un traité, et les comportements prohibés sont limitativement énumérés. De plus, le règlement de procédure et de preuve prévoit en son chapitre 9 une procédure précise propre à cette infraction ; il est rédigé et adopté par l'Assemblée des Etats parties, non par les juges. Enfin, les Etats parties ont l'obligation de légiférer sur ce sujet, en étendant à l'administration de la justice par la Cour pénale internationale celles des dispositions de leur droit pénal qui répriment les atteintes à l'intégrité de leurs procédures d'enquête ou de leur système judiciaire. Une telle formule est sans doute plus satisfaisante.

Au moment de conclure cette brève présentation, il convient de féliciter à nouveau l'auteure pour s'être plongée dans un sujet encore peu abordé dans la doctrine francophone. Son effort était d'autant plus utile que nombre de procédures pour outrage sont encore en cours devant les tribunaux *ad hoc*, alors même que ceux-ci sont engagés dans une stratégie d'achèvement de leurs travaux. Enfin, il faut espérer que cet ouvrage soit le prélude à d'autres recherches tout aussi stimulantes.

Hervé Ascensio
Professeur à l'Ecole de droit de la Sorbonne
Université de Paris 1, Panthéon-Sorbonne

REMERCIEMENTS

Je souhaite adresser mes plus sincères remerciements aux personnes qui m'ont apporté leur aide et qui ont ainsi contribué à l'élaboration du mémoire d'où est tiré le présent ouvrage.

À M. le Professeur Hervé Ascensio, Professeur à l'École de droit de la Sorbonne, directeur du mémoire rédigé dans le cadre du Master 2 Droit pénal et politique criminelle en Europe, pour sa disponibilité et ses précieux conseils.

À Mme Élisabeth Claverie, directrice de recherche en anthropologie du droit au CNRS, pour l'inspiration insufflée par ses travaux qu'elle a bien voulu me faire découvrir.

Je remercie également les juges et l'équipe de la troisième Chambre de première instance du TPIY œuvrant sur l'affaire *Vojislav Šešelj* et tout particulièrement Soraya Laucci, juriste de la Chambre, pour m'avoir si bien intégrée dans l'équipe et pour avoir, lors de la rédaction de cet ouvrage, pris le temps de répondre à mes questions.

Merci également à mes proches et mes amis pour leur soutien.

SOMMAIRE

SOMMAIRE

LISTE DES ABREVIATIONS

CEDH :	Cour européenne des droits de l'homme
CIJ :	Cour internationale de Justice
CPI :	Cour pénale internationale
ONU :	Organisation des Nations Unies
Règlement :	Règlement de procédure et de preuve
TPI :	Tribunaux pénaux internationaux
TPIR :	Tribunal pénal international pour le Rwanda
TPIY :	Tribunal pénal international pour l'ex-Yougoslavie

INTRODUCTION

Les tribunaux pénaux internationaux ont fait l'objet d'un grand nombre d'études, d'abord sur leur fonctionnement propre puis sur l'influence qu'ils ont eue lors des choix de fonctionnement de la Cour pénale internationale. En dépit de ce grand nombre de publications, très peu d'entre elles abordent le sujet de l'outrage ou bien très succinctement. Ceci s'explique sans doute par le caractère « accessoire » de cette incrimination. En effet, les tribunaux pénaux internationaux ont d'abord été créés pour sanctionner les crimes atroces que sont les crimes de guerre, les crimes contre l'humanité et les génocides. Ce sont donc ces incriminations qui ont focalisé l'attention de la doctrine.

Néanmoins, l'incrimination de l'outrage par les TPI a récemment attiré l'attention – au moins en France – à travers la condamnation de Florence Hartmann par le TPIY. L'ex-journaliste du *Monde* et ancienne porte-parole de la Procureur Carla Del Ponte, a été condamnée pour outrage en raison des informations qu'elle divulguait dans son ouvrage *Paix et Châtiment*. Si cette affaire illustre certaines des difficultés relatives à l'incrimination de l'outrage par les TPI sur lesquelles il faudra revenir, l'étude de l'outrage ici proposée est à la fois plus générale et plus technique.

Plus générale car, au fil des années, les affaires d'outrage aux TPI se sont multipliées. Dès lors, cet afflux de nouvelles affaires et la diversité des situations entraînent des difficultés que doivent surmonter les TPI. L'étude est en outre plus technique, car l'outrage aux TPI est une infraction très différente de celles habituellement rencontrées devant les TPI. Dès lors, son étude s'attarde nécessairement sur ce qui fonde cette incrimination et sur ce qui la compose. À travers cette étude, apparaissent alors les difficultés de fonctionnement des TPI et les solutions – parfois critiquables – apportées par ces derniers.

Les TPI ont été créés par le Conseil de sécurité de l'ONU, en vertu du Chapitre VII de la Charte de l'ONU, en réponse aux atrocités commises dans les années 1990 en Ex-Yougoslavie et au Rwanda. La compétence de ces deux tribunaux *ad hoc* est limitée aux crimes commis dans une région particulière et pour un conflit déterminé.

La fin des années 1980 et le début des années 1990 ont été marqués par des changements politiques et sociaux considérables dans toute l'Europe de l'Est et l'Union Soviétique, avec la chute de la plupart des régimes communistes et la résurgence du nationalisme. En Yougoslavie (officiellement appelée « République socialiste fédérative de Yougoslavie » jusqu'à sa dissolution en 1992), les crises économiques et politiques successives ont finalement conduit à l'éclatement du pays. Au début des années 1990, de violents conflits ont éclaté en Croatie et en Bosnie-Herzégovine. C'est après les affrontements armés au Kosovo et dans l'ex-République yougoslave de Macédoine que le conflit a finalement pris fin. Les récits de crimes atroces, faisant état de milliers de civils tués ou blessées, torturés, victimes d'agressions sexuelles dans des camps de détention, et de centaines de milliers d'autres chassés de leur domicile, ont provoqué l'indignation de la communauté internationale et poussé le Conseil de sécurité à instaurer un tribunal spécial pour juger ces crimes. La création du Tribunal pénal international pour l'ex-Yougoslavie a été décidée par la résolution 808 du Conseil de sécurité de l'ONU, le 22 février 1993, afin de juger les individus présumés responsables de crimes de guerre, crimes contre l'humanité et génocide en ex-Yougoslavie depuis 1991. Le TPIY est le premier tribunal international chargé de juger les auteurs de crimes de guerre depuis les tribunaux de Nuremberg et de Tokyo. Son statut a été adopté par la résolution 827 du 25 mai 1993, il définit sa compétence, son organisation ainsi que ses principales règles de procédure. Le TPIY siège à La Haye, aux Pays-Bas.

Le 6 avril 1994, Juvénal Habyarimana – président rwandais hutu au pouvoir depuis 1973 – et le président burundais Cyprien Ntaryamira, périssent dans un attentat. Celui-ci sert de prétexte au déclenchement de tueries qui, dès le 7 avril, éclatent simultanément dans la capitale Kigali, dans le sud, l'est et le nord du pays. Elles sont conduites par des extrémistes Hutu qui se sont donnés pour mission d'éliminer les Tutsi et l'opposition Hutu modérée. Jusque juillet 1994, environ 800 000 rwandais sont massacrés. Ainsi, dix-huit mois après la création du TPIY[1], au terme de sa résolution 955, le Conseil de sécurité décide d'instituer le Tribunal pénal international pour le Rwanda, pour juger les individus présumés responsables d'actes de génocide, de crimes contre l'humanité et crimes de guerre commis sur le territoire du Rwanda ou par des ressortissants rwandais sur le territoire d'états limitrophes entre le 1er janvier et le 31 décembre 1994. Les Chambres de première instance du tribunal sont situées à Arusha, en République Unie de Tanzanie[2], et les Chambres d'appel sont localisées à La Haye. Le fonctionnement de ce tribunal a été essentiellement calqué sur son prédécesseur : le TPIY.

Les activités des TPI ont une incidence considérable dans les régions dont ils ont à connaître, mais pas uniquement. Le fait que des dirigeants politiques et militaires soient enfin jugés et condamnés pour les crimes qu'ils ont accomplis a un retentissement au-delà même des régions

[1] Le 8 novembre 1994.
[2] Le siège du TPIR a été instauré par la résolution 977 du 22 février 1995.

concernées. Le travail réalisé par les TPI est essentiel dans le cadre de la lutte contre l'impunité.

Ces TPI ont été créés afin de juger des crimes considérés comme particulièrement atroces : les génocides, crimes contre l'humanité et crimes de guerre. Mais, à coté des jugements pour ces crimes, se sont développés des jugements pour outrage devant ces mêmes tribunaux. À ce jour, vingt et un individus ont été définitivement jugés pour outrage devant le TPIY et quatre affaires sont en cours[3]. Un plus petit nombre d'affaires pour outrage a été traité par le TPIR puisque, si un certain nombre de poursuites ont néanmoins été lancées, seules deux condamnations ont été prononcées.

Que désigne l'outrage ? Selon Littré, l'outrage est ce qui outrepasse les bornes en fait d'offense ou d'injure. Le mot outrage, en effet, si l'on considère son sens étymologique, exprime quelque chose d'excessif, quelque chose d'outré. Pris dans son acception courante, ce terme embrasse un grand nombre de violations du droit et l'on pense particulièrement aux outrages matériels (violences corporelles) et aux outrages moraux (injures). Mais la notion d'outrage peut avoir un sens plus large. Ceci est particulièrement vrai lorsque l'outrage concerne une institution et non une personne. Il va alors prendre des formes inédites et la révélation d'informations confidentielles va ainsi, par exemple, pouvoir constituer un outrage au Tribunal. Ce sens étendu donné à l'outrage – qui est celui retenu par les TPI - est en réalité issu des systèmes juridiques de *common law*.

[3] Deux de ces quatre affaires concernent le même accusé.

En effet, le concept général de l'outrage est connu des tribunaux de la *common law* depuis le XIIème siècle[4]. Il est, dès le départ, entendu non pas comme un moyen de rehausser la dignité des magistrats ou de laver les affronts lancés à une cour ou à un tribunal, mais plutôt de protéger l'administration de la justice. L'outrage est apparu avec la *common law* comme relevant de la compétence inhérente des cours supérieures. Les règles concernant l'outrage ne sont d'ailleurs que partiellement codifiées à ce jour au Royaume-Uni[5]. Le système juridique du Royaume-Uni distingue entre *Criminal Contempt of Court* et *Civil Contempt of Court.* La qualification entre ces deux types d'outrage est déterminée par le type de comportement en question. Le fait de publier des documents susceptibles de « saper » la confiance du public dans le tribunal ou le juge est considéré comme *Criminal Contempt of Court.* Le *Civil Contempt of Court* est constitué par le fait pour une personne de ne pas respecter une ordonnance d'un tribunal dûment constitué. Le fait par exemple de refuser de payer une somme d'argent, alors que la Cour l'avait ordonnée, relève du *Civil Contempt of Court*. Enfin, l'exigence de la *mens rea* existe en *common law* puisqu'il faut prouver l'intention d'interférer avec la justice.

Le concept général de l'outrage, tel qu'il existe en *common law*, ne se retrouve pas dans les pays relevant d'un système juridique de tradition romano-germanique. Toutefois, les textes de ces pays prévoient de réprimer

---

[4] *Le Procureur c/ Tadić*, affaire IT-94-1, Arrêt relatif aux allégations d'outrage formulées à l'encontre du précédent conseil, Milan Vujin, 31 janvier 2000 (« Arrêt *Vujin* de première instance »), par. 16, citant en note de bas de page la décision United Nurses of Alberta c/ Attorney-General for Alberta (1992)89 DLR (4e) 609 par. 636 (par J. McLachlin, pour la majorité de la Cour suprême du Canada).

[5] Au Royaume-Uni, l'outrage à la cour est partiellement régi par le *Contempt of Court Act 1981*, le texte *Human Rights Act 1998* ayant lui aussi une influence sur l'incrimination d'outrage à la cour.

certaines conduites entravant le cours de la justice. Par exemple, le Code pénal allemand sanctionne quiconque incite un témoin à faire une fausse déclaration[6]. Le Code pénal français réprime ceux qui font pression sur un témoin pour qu'il fasse une déclaration mensongère ou s'abstienne de faire une déclaration véridique[7]. Et de façon plus générale, des dispositions existent concernant notamment la police de l'audience, les infractions commises en audience ou la publication de commentaires tendant à exercer une pression sur les témoignages ou sur la décision d'un tribunal quel qu'il soit. Le Code pénal russe sanctionne toute entrave, quelle qu'elle soit, aux activités des tribunaux, pour peu que l'auteur ait eu l'intention d'entraver le cours de la justice[8].

Ainsi, en France, le concept général d'outrage est inconnu. L'outrage entendu par les systèmes de *common law* se retrouve dans plusieurs textes notamment celui précédemment cité concernant les pressions exercées sur un témoin. Mais le terme « outrage » ne se retrouve en France que dans un seul texte, entraînant une acception beaucoup plus fermée. L'outrage se rapproche en France de l'infraction d'injure à la différence, notamment, que l'outrage ne bénéficie pas de la protection applicable à la liberté d'expression des délits de presses. Cette acception française est très ancienne. En droit romain, l'injure était déjà réprimée. Elle puisait une gravité plus intense dans la condition de la personne injuriée et dans les circonstances en raison desquelles elle avait été proférée. Par exemple, les injures adressées à un magistrat dans l'exercice de ses fonctions étaient classées parmi les injures atroces. L'ancien droit français retenait également l'incrimination de l'injure.

---

6 Code pénal allemand, par. 26 et 153.

7 Article 434-15 du Code pénal.

8 Article 294 du Code pénal russe inséré au sein du chapitre 31 sur les crimes contre l'administration de la justice.

Elle était considérée comme une atteinte particulièrement grave au roi lui-même. À travers le magistrat, c'était le roi qui était atteint. Ainsi, Jousse rapporte que François 1er porta son bras en écharpe après des violences exercées contre un magistrat du royaume pour témoigner ainsi qu'il avait été blessé en sa propre personne. Le Code pénal de 1810 reprit les idées et les textes anciens. L'injure revêt alors la dénomination d'outrage lorsqu'elle est dirigée contre un fonctionnaire public. Cette règle n'entend pas créer un privilège personnel au profit de certains individus ; son but est de protéger uniquement, dans la personne du magistrat, la représentation de l'idée de l'État. Aujourd'hui, en France, c'est l'outrage à une personne physique qui est condamné et non l'outrage à une institution mais notons qu'il ne s'agit pas de n'importe quelle personne physique. La France incrimine à l'article 433-5 du Code pénal l'outrage à une personne chargée d'une mission de service public[9]. Ainsi, à travers l'individu outragé c'est l'institution qu'il représente qui est atteinte. Outre les comportements pouvant être constitutifs de l'outrage décrit à l'article 433-5 du Code pénal, il est

---

[9] Article 433-5 du Code pénal : « Constituent un outrage puni de 7500 euros d'amende les paroles, gestes ou menaces, les écrits ou images de toute nature non rendus publics ou l'envoi d'objets quelconques adressés à une personne chargée d'une mission de service public, dans l'exercice ou à l'occasion de l'exercice de sa mission, et de nature à porter atteinte à sa dignité ou au respect dû à la fonction dont elle est investie. Lorsqu'il est adressé à une personne dépositaire de l'autorité publique, l'outrage est puni de six mois d'emprisonnement et de 7500 euros d'amende. Lorsqu'il est adressé à une personne chargée d'une mission de service public et que les faits ont été commis à l'intérieur d'un établissement scolaire ou éducatif, ou, à l'occasion des entrées ou sorties des élèves, aux abords d'un tel établissement, l'outrage est puni de six mois d'emprisonnement et de 7500 euros d'amende. Lorsqu'il est commis en réunion, l'outrage prévu au premier alinéa est puni de six mois d'emprisonnement et de 7500 euros d'amende, et l'outrage prévu au deuxième alinéa est puni d'un an d'emprisonnement et de 15000 euros d'amende. »

nécessaire de démontrer un élément intentionnel se caractérisant par la volonté d'offenser la puissance publique.

Les systèmes juridiques pénaux internationaux ne viennent exactement ni du droit romano-germanique ni de la *common law*, ils sont un mélange des deux et - dans une certaine mesure - unique ou *sui generis*. Toutefois, l'outrage, tel qu'il est incriminé par les TPI, emprunte plus au système de la *common law*.

Les TPI ne pouvaient fonder l'incrimination de l'outrage sur le droit international coutumier car il n'existe pas de règles spécifiques directement applicables en la matière. On trouve cependant une règle spécifique similaire en droit international conventionnel. En effet, le Statut du Tribunal militaire international[10] (figurant en annexe à l'Accord de Londres de 1945) lui confère le pouvoir d' « agir sommairement en ce qui concerne les perturbateurs en leur infligeant une juste sanction, y compris l'exclusion d'un accusé ou de son défenseur de certaines phases de la procédure ou de toutes les phases ultérieures, mais sans que cela empêche de décider sur les charges »[11]. La loi n°10 du Conseil de contrôle du 20 décembre 1945, au terme de laquelle les quatre Puissances alliées ont mené le procès des criminels de guerre, incorporait le Statut du Tribunal militaire international. Ainsi, si aucun cas d'outrage n'a été porté devant le Tribunal militaire international, trois cas l'ont été

---

[10] Accord figurant en annexe à l'Accord de Londres de 1945. L'Accord a été conclu entre le Gouvernement des Etats-Unis d'Amérique, le Gouvernement provisoire de la République française, le Gouvernement du Royaume-Uni de Grande Bretagne et d'Irlande du Nord et le Gouvernement de l'Union des Républiques socialistes soviétiques concernant la poursuite et le châtiment des grands criminels de guerre des Puissances européennes de l'Axe, 8 août 1945.

[11] Article 18 c) du Statut du Tribunal militaire international de Nuremberg.

devant les tribunaux militaires des Etats-Unis siégeant à Nuremberg. Les tribunaux militaires de Nuremberg ont interprété leurs pouvoirs comme comprenant le pouvoir de sanctionner l'outrage à la cour. Ainsi, ont été jugés un témoin à charge ayant agressé un des accusés en audience[12], le conseil de la défense et un particulier qui avaient cherché à influencer un médecin cité à témoigner en qualité d'expert en faisant de fausses déclarations et tronqué un rapport d'expert en vue d'en influencer les signataires pour qu'ils participent à sa falsification[13] et enfin, un conseil de la défense qui avait quitté l'audience et n'avait plus comparu ensuite afin de protester contre une décision prise à l'encontre de ses clients[14].

Dès lors, l'outrage, tel qu'il est incriminé par les TPI, se retrouve dans le système de la *common law* et – dans une moindre mesure – en droit international. Néanmoins, les pouvoirs des TPI de sanctionner un outrage ne sont pas, à tous égards, les mêmes que ceux dont disposent les tribunaux internes.

Les tribunaux pénaux internationaux affirment, depuis les premières affaires, que l'outrage n'est pas une infraction comme peuvent l'être le génocide, les crimes contre l'humanité ou les crimes de guerre. Partant de ce constat, des interrogations s'attachant aux objectifs et à l'enjeu d'une telle incrimination doivent être soulevées. La tendance actuelle à un accroissement important – essentiellement devant le TPIY – des affaires pour outrage est un élément déterminant de l'analyse. Cela démontre que les TPI ne craignent pas d'utiliser cette procédure, malgré les difficultés que nous étudierons. Ainsi, l'augmentation du nombre

---

12 *Etats-Unis c/ Karl Brandt*, 27 juin 1947.
13 *Etats-Unis c/ Joseph Altstoetter*, 17 juillet 1947.
14 *Etats-Unis c/ Alfried Krupp von Bohlen une Halbach,* 21 janvier 1948.

d'affaires pour outrage devant les TPI démontre l'utilité et même la nécessité d'une telle incrimination. Car si l'on imagine bien comment une telle incrimination peut être utile aux juges des TPI en ce qu'elle leur permet d'assurer une certaine police de l'audience, ce sont souvent des enjeux plus importants, et notamment le respect de la justice pénale internationale, qui sont protégés par l'incrimination de l'outrage. Enfin, et plus étonnamment, il est des affaires où l'incrimination de l'outrage est utilisée par l'accusé lui-même, au service de sa défense.

Ainsi, c'est de l'utilité et de la nécessité de l'incrimination de l'outrage aux TPI dont il sera ici question. Le développement s'articulera autour de deux axes dont le premier consiste à examiner l'incrimination de l'outrage aux tribunaux pénaux internationaux (première partie), et le second s'attache à l'étude de la mise en œuvre de la procédure d'incrimination de l'outrage aux tribunaux pénaux internationaux (deuxième partie).

PREMIÈRE PARTIE

L'INCRIMINATION DE L'OUTRAGE AUX TRIBUNAUX PÉNAUX INTERNATIONAUX

Tel qu'exposé à titre introductif, l'incrimination actuelle de l'outrage en droit pénal international est issue essentiellement de la *common law*. Néanmoins, les contraintes du droit pénal international étant nécessairement différentes de celles du droit pénal interne, l'incrimination de l'outrage aux TPI a dû être adaptée. Les TPI ont dû fournir un important travail basé sur la jurisprudence interne, internationale et sur leur Règlement.

L'analyse de l'incrimination de l'outrage aux TPI nécessite de s'intéresser à ce qui fonde l'utilisation d'une telle infraction par une juridiction pénale internationale (Chapitre 1er). La compréhension de l'incrimination de l'outrage aux TPI – infraction si particulière – suppose également l'étude de ses éléments constitutifs (Chapitre 2) et de la répression mise en œuvre par les tribunaux (Chapitre 3).

Chapitre 1er

Fondements de la compétence des tribunaux pénaux internationaux pour juger de l'infraction d'outrage

La question de la légitimité des TPI s'est posée dès leur création et particulièrement pour le premier d'entre eux : le TPIY. Cette question a trouvé un écho particulier lors des premières procédures pour outrage devant ces mêmes tribunaux. En effet, le fondement de l'infraction était alors vivement critiqué.

La création du TPIY, comme du TPIR, repose sur l'établissement de leurs Statuts respectifs. Les compétences des TPI, au sens de l'aptitude à connaître et à juger une affaire, sont régies par ces textes. Ainsi, les Statuts des TPI prévoient leurs compétences *ratione temporis, ratione loci, ratione personae* et enfin *ratione materiae*. La compétence *ratione materiae* de ces tribunaux englobe les infractions graves aux conventions de Genève de 1949, les violations des lois ou coutumes de la guerre[15], le génocide[16] et les crimes contre l'humanité[17]. Les Statuts des TPI ne prévoient donc pas l'infraction d'outrage. Cette singularité est à l'origine d'un argument récurent, établi par les défenses lors des procès pour outrage, selon lequel les TPI ne sont ni compétent, ni

---

[15] Article 3 du Statut actualisé du TPIY tel qu'amendé le 7 juillet 2008 par la résolution 1877 et Article 4 du Statut actualisé du TPIR tel qu'amendé le 16 décembre 2009 par la résolution 1901.

[16] Article 4 du Statut actualisé du TPIY tel qu'amendé le 7 juillet 2008 par la résolution 1877 et Article 2 du Statut actualisé du TPIR tel qu'amendé le 16 décembre 2009 par la résolution 1901.

[17] Article 5 du Statut actualisé du TPIY tel qu'amendé le 7 juillet 2008 par la résolution 1877 et Article 3 du Statut actualisé du TPIR tel qu'amendé le 16 décembre 2009 par la résolution 1901.

légitime, pour juger de cette infraction. En réponse, les TPI fondent la légitimité de leur compétence sur les textes (Section I) mais surtout sur l'idée de l'existence d'un « pouvoir inhérent » (Section II).

Section I - Les sources textuelles de l'incrimination de l'outrage aux tribunaux pénaux internationaux

Si aucun article des Statuts des TPI ne concerne l'outrage au tribunal, en revanche, l'article 77 des Règlements des TPI prévoit cette incrimination (paragraphe 1). En outre, le Code de déontologie à l'intention des Conseils de la défense et l'article 46 des Règlements s'ajoutent à l'article 77 comme fondements textuels d'un certain nombre de comportements outrageants (paragraphe 2).

Paragraphe 1. L'article 77 des Règlements de procédure et de preuve des tribunaux pénaux internationaux

Adopté le 11 février 1994 par le TPIY, l'article 77 du Règlement prévoit expressément l'incrimination de l'outrage. Notons qu'à ce jour, l'article 77 est le même dans les Règlements du TPIY et du TPIR. En effet, les règles de fonctionnement du TPIY on été reprises lors de la création du TPIR et ont, la plupart du temps, évoluées ensemble. À ce jour, l'article 77 des TPI énonce en son paragraphe A) :

> A) Dans l'exercice de son pouvoir inhérent, le Tribunal peut déclarer coupable d'outrage les personnes qui entravent délibérément et sciemment le cours de la justice, y compris notamment toute personne qui :
>
> i) étant témoin devant une Chambre refuse de répondre à une question malgré la demande qui lui en est faite par la Chambre ;

ii) divulgue des informations relatives à ces procédures en violant en connaissance de cause une ordonnance d'une Chambre ;

iii) méconnaît, sans excuse valable, une ordonnance aux fins de comparaître devant une Chambre ou aux fins de produire des documents devant une Chambre ;

iv) menace, intimide, lèse, essaie de corrompre un témoin, ou un témoin potentiel, qui dépose, a déposé ou est sur le point de déposer devant une Chambre de première instance ou de toute autre manière fait pression sur lui ; ou

v) menace, intimide, essaie de corrompre ou de toute autre manière cherche à contraindre toute autre personne, dans le but de l'empêcher de s'acquitter d'une obligation découlant d'une ordonnance rendue par un Juge ou une Chambre.

L'article 77 du Règlement du TPIY a été révisé le 30 janvier 1995 puis amendé à dix reprises[18]. Ce grand nombre de modifications est l'œuvre des juges permanents du Tribunal. En vertu de l'article 14 du Statut des TPI et de l'article 6 du Règlement de procédure et de preuve, ce sont en effet les juges permanents, élus par l'Assemblée générale des Nations Unies, qui ont adopté le Règlement et qui, depuis, lui apportent des modifications lors de réunions en assemblée plénière. Le fonctionnement est le même pour le TPIR et, généralement, les modifications du Règlement par l'un des

[18] L'article 77 du Règlement de procédure et de preuve a été amendé le 25 juillet 1997, le 12 novembre 1997, le 10 juillet 1998, le 4 décembre 1998, le 1er décembre 2000, le 13 décembre 2000, le 13 décembre 2001, le 12 juillet 2002, le 12 décembre 2003 et le 22 juillet 2009.

TPI entraînent – sans que cela soit obligatoire – une modification semblable dans celui de l'autre TPI.

Selon la première version de l'article 77 du Règlement de procédure et de preuve du TPIY[19] :

> A) Sous réserve des dispositions du paragraphe (D) de l'article 90[20], un témoin qui refuse de répondre à une question en rapport avec l'affaire dont la Chambre est saisie, ou qui persiste dans son attitude, peut être déclaré coupable d'outrage au Tribunal et condamné à une amende ne dépassant pas 10 000 US dollars ou à une peine de prison de six mois maximum.
> B) Toutefois, si elle le juge approprié, la Chambre peut relever le témoin de son obligation de répondre.
> C) L'amende est payée au Greffier, qui la verse à un compte distinct.

Ainsi, à l'origine, seul le refus de témoigner de la part d'un témoin avait été envisagé par les rédacteurs du Règlement. C'est à travers les multiples modifications du texte qu'un nombre important d'autres comportements a été incriminé comme constitutif d'outrage aux TPI.

L'article 77 des Règlements énonce les comportements pouvant être constitutifs d'outrage aux TPI, mais les Codes de déontologie à l'intention des Conseils de la défense et l'article 46 des Règlements peuvent également venir en soutien de l'incrimination.

---

[19] Règlement de procédure et de preuve du TPIY adopté le 11 février 1994, IT/32, 14 mars 1994.

[20] Le paragraphe (D) de l'article 90 du Règlement de procédure et de preuve dans sa version initiale prévoyait qu' « un témoin peut refuser de faire toute déclaration qui risquerait de l'incriminer ».

Paragraphe 2. Les Codes de déontologie à l'intention des Conseils de la défense et l'article 46 des Règlements de procédure et de preuve

D'autres textes peuvent soutenir l'incrimination d'outrage prévu par l'article 77 des Règlements. En effet, selon l'article 77 I), le tribunal peut décider que le Conseil n'est plus habilité à représenter l'accusé et conclure que son comportement constitue une atteinte à la discipline. Le texte renvoi à l'article 46 des Règlements en ces termes :

> I) Si le Tribunal reconnaît un Conseil coupable d'outrage en application du présent article, la Chambre ayant rendu cette conclusion peut également décider que le Conseil n'est plus habilité à représenter le suspect ou l'accusé devant le Tribunal et conclure que son comportement constitue une atteinte à la discipline en application de l'article 46, ou des deux.

Les versions diffèrent selon les TPI et la version de l'article 46 du Règlement du TPIR précise que l'article s'applique *mutatis mutandis* aux membres du Bureau du Procureur. Les articles 46 des Règlements des TPI prévoient tous deux des sanctions disciplinaires pour les Conseils ayant eu des comportements allant à l'encontre des intérêts de la justice. On peut donc facilement en déduire que les comportements outrageants entrent dans cette catégorie.

L'article 46 C) du Règlement du TPIY et l'article 46 D) du Règlement du TPIR renvoient à un Code de déontologie pour les avocats. Afin d'harmoniser les règles de déontologie auxquelles sont soumis les conseils des accusés, les TPI ont en effet adopté chacun un Code de déontologie[21]. Pour le TPIY ce Code est élaboré par le Greffier, « sous le contrôle du Président ». Il est élaboré « sous réserve de son approbation par la réunion plénière » pour le TPIR. Le Code de déontologie élaboré par le TPIR se distingue en ce que le Règlement du TPIR prévoit à son article 46 D) que les modifications du Code de déontologie sont faites « en consultation avec les représentants du Procureur et du Conseil de la défense ». On peut s'étonner que les Codes de déontologie diffèrent devant le TPIR et le TPIY et que ce soit le TPIR le premier à avoir adopté un tel texte. Une harmonisation serait sans doute souhaitable entre les deux textes.

Ainsi, l'article 46 du Règlement de procédure et de preuve et les Codes de déontologie adoptés par les TPI constituent un cadre d'engagement de la responsabilité – entendue dans son sens général – des Conseils. Ces textes peuvent fonder les sanctions disciplinaires pouvant être prises à l'encontre d'un conseil qui aurait failli à ses obligations professionnelles. Les Chambres des TPI ne fonderont pas expressément l'incrimination de l'outrage sur l'article 46 et le Code de déontologie mais ils pourront venir en soutien de l'argumentation et fonder des sanctions disciplinaires.

Ces textes sont donc utilisés par la jurisprudence pour appuyer leur argumentation lors d'une affaire pour outrage. Mais en réalité, les Chambre des TPI refusent de considérer qu'il existe une infraction d'outrage aux TPI fondée sur ces textes et, plus particulièrement, sur l'article 77 des Règlements. En d'autres termes, ces textes soutiennent

---

[21] Code de déontologie pour les avocats exerçant devant le tribunal international adopté le 6 août 2009 par le TPIY. Code de déontologie à l'intention des Conseils de la Défense adopté le 14 mars 2008 par le TPIR.

l'incrimination sans être considérés comme sa véritable source. Selon la jurisprudence, l'incrimination de l'outrage aux TPI existait bien avant son apparition dans les textes.

Section II - La justification et la portée jurisprudentielle de l'incrimination d'outrage par les tribunaux pénaux internationaux

Selon l'ancien Président du TPIY, le juge Cassese, le pouvoir des juges d'adopter et de modifier les règles du Règlement en assemblée plénière est un pouvoir inhérent du Tribunal[22]. En revanche la Chambre d'appel a affirmé :

> [c]e pouvoir ne permet pas aux juges d'adopter de nouvelles règles créant de nouvelles infractions, mais leur permet d'adopter de nouvelles règles de procédure et de preuve pour des questions qui relèvent de la *compétence propre* du Tribunal et des questions relevant de sa *compétence statutaire*[23].

En conséquence, ce pouvoir ne permet en aucune façon aux juges d'adopter de nouvelles règles créant de nouvelles infractions. La jurisprudence refuse de voir en l'article 77 du Règlement une forme de délit institutionnalisé créée par les juges du Tribunal[24]. Dès lors, la jurisprudence des TPI justifie l'incrimination de l'outrage par l'existence d'un « pouvoir inhérent » (paragraphe 1), entrainant ainsi un certain nombre de conséquences dans l'appréciation et la portée de l'incrimination (paragraphe 2).

---

[22] *Le Procureur c/ Zejnil Delalić, Zdravko Mucić alias "Pavo", Hazim Delić, Esad Landzo alias "Zenga"*, affaire n°IT-96-21-T, Décision du Président relative à la requête de l'accusation aux fins de la production de notes échangées entre Zjenil Delalić et Zdravko Mucić, 11 novembre 1996, par. 33.
[23] Arrêt *Vujin* de première instance, par. 24.
[24] Arrêt *Vujin* de première instance, par. 24.

Paragraphe 1. La justification de la compétence des tribunaux pénaux internationaux par « le pouvoir inhérent du Tribunal »

La Chambre d'appel du TPIY considère que si le Règlement du tribunal prévoit expressément que certaines situations peuvent conduire à un outrage, « c'est dans les sources usuelles du droit international » et non dans la formulation du Règlement que le contenu du pouvoir inhérent de sanctionner les conduites qui entravent le cours de la justice peut trouver sa définition[25]. Ainsi, les TPI justifient l'incrimination de l'outrage par l'existence de leur pouvoir inhérent, théorie puisée dans la jurisprudence des juridictions internationales.

A. La reconnaissance de l'existence d'un pouvoir inhérent par les juridictions internationales

La jurisprudence des TPI sur l'outrage reprend le raisonnement tenu dans l'affaire *Blaškic*[26]. La Chambre d'appel du TPIY, dans cette affaire, devait statuer notamment sur le fait de savoir si le Tribunal international peut décerner des injonctions aux États (autrement appelées des *subpoena* – dans le sens d'assignations sous peine de sanctions). La Chambre d'appel a répondu par la négative à cette question en considérant que ce pouvoir ne pouvait être considéré comme inhérent aux fonctions d'une instance

---

[25] Arrêt *Vujin* de première instance, par. 13, 18, 24.

[26] *Le Procureur c/ Blaškic*, affaire n° IT-95-14-AR108bis, Arrêt relatif à la requête de la République de Croatie aux fins d'examen de la décision de la Chambre de première instance II rendue le 18 juillet 1997, 29 octobre 1997, (« Arrêt *Blaškic* »).

judiciaire internationale[27]. Afin d'expliciter ce qu'elle entend par « pouvoir inhérent », la Chambre d'appel fait référence au raisonnement tenu par la Cour internationale de justice[28]. La CIJ a en effet fait référence à l'existence de ses « pouvoirs inhérents » à l'occasion de l'affaire *Cameroun septentrional*[29] et de l'affaire des *Essais nucléaires*[30]. La CIJ rappelait à l'occasion de l'affaire des *Essais nucléaires* qu'un organe judiciaire international possède :

> un pouvoir inhérent qui l'autorise à prendre toute mesure voulue, d'une part pour faire en sorte que, si sa compétence au fond est établie, l'exercice de cette compétence ne se révèle pas vain, d'autre part pour assurer le règlement régulier de tous les points en litige ainsi que le respect des « limitations inhérentes à l'exercice de la fonction judiciaire » de la Cour et pour « conserver son caractère judiciaire »[31]. Un pouvoir inhérent de ce genre, sur la base duquel la Cour est pleinement habilitée à adopter toute conclusion éventuellement nécessaire aux fins qui viennent d'être indiquées, découle de l'existence même de la Cour, organe judiciaire établi par le consentement des États, et lui est conféré afin que sa fonction judiciaire fondamentale puisse être sauvegardée[32].

La CIJ reconnaissait donc l'existence de son pouvoir inhérent et la Chambre d'appel du TPIY a repris cette idée pour trancher la question des *subpoena* dans l'affaire *Blaškic*. Ces affaires ne concernaient en rien l'incrimination

---

[27] Arrêt *Blaškic*, par. 25.
[28] Arrêt *Blaškic*, note de bas de page 27.
[29] CIJ, Affaire *Cameroun septentrional*, Cameroun c/ Royaume-Uni, arrêt du 2 décembre 1963, (« Affaire *Cameroun septentrional* »).
[30] CIJ, Affaire des *Essais nucléaires*, Australie c/ France, Arrêt du 20 décembre 1974, (« Affaire *des Essais nucléaires* »).
[31] Affaire *Cameroun septentrional*, p. 29.
[32] Affaire *des Essais nucléaires*, par. 23.

de l'outrage mais l'idée de l'existence d'un pouvoir inhérent aux TPI va être utilisée pour justifier certaines incriminations[33], dont celle d'outrage.

B. L'application de la théorie de l'existence d'un pouvoir inhérent pour justifier de l'incrimination de l'outrage aux tribunaux pénaux internationaux

La Chambre d'appel du TPIY explique que « le pouvoir inhérent du Tribunal de sanctionner l'outrage existe nécessairement depuis sa création et l'existence de ce pouvoir n'est pas tributaire d'une mention qui en serait faite dans le Règlement »[34].

Depuis l'affaire *Tadić*, les jugements relatifs aux allégations d'outrage reprennent tous la formule : « selon une jurisprudence bien établie, le Tribunal a le pouvoir inhérent de sanctionner l'outrage »[35] et ce, même si aucune

[33] Les juges ont notamment accepté, au titre de leur « pouvoir inhérent » : le pouvoir d'évaluer la crédibilité des témoignages effectués lors de l'audience, eu égard aux déclarations recueillies auparavant (*Le Procureur c/ Duško Tadić,* affaire n°IT-94-1-A, Jugement, 15 juillet 1999, par. 321-322) ; le pouvoir de « statuer sur la demande de libération anticipée d'un condamné » (*Le Procureur c/ Duško Sikirica et consorts*, affaire n°IT-95-8-S, Ordonnance du Président relative à la libération anticipée de Dragan Kolundzija, 5 décembre 2001, 3ème attendu) ; ou encore le « pouvoir discrétionnaire d'assortir la peine de conditions » (*Le Procureur c/ Duško Tadić,* affaire n°IT-94-1-A *bis,* Arrêt concernant les jugements relatifs à la sentence, 26 janvier 2000, par. 28).

[34] *Le Procureur c/ Tadić*, affaire IT-94-1,-A-AR77, Arrêt confirmatif relatif aux allégations d'outrage formulées à l'encontre du précédent conseil, Milan Vujin, 27 février 2001, (« Arrêt *Vujin* »), par. 28.

[35] Voir par exemple : *Dans la procédure ouverte contre Florence Hartmann*, affaire n°IT-02-54-R77.5, Jugement relatif aux allégations d'outrage, 14 septembre 2009, (« Jugement *Hartmann »)* , par. 18 ; *Le Procureur c/ Zlatko Aleksovski*, affaire n° IT-95-14/1-AR77, Arrêt relatif

contestation sur la compétence du tribunal n'a été émise. La formule a même été incorporée dans l'article 77 des Règlements[36]. Selon le texte de 1997 du Règlement du TPIY, « rien dans le présent article ne limite le pouvoir inhérent du Tribunal de déclarer coupable d'outrage les personnes qui entravent délibérément et sciemment le cours de la justice »[37]. Aujourd'hui, la formule utilisée en tête de l'article est « [d]ans l'exercice de son pouvoir inhérent, le Tribunal peut déclarer coupable d'outrage les personnes qui entravent délibérément et sciemment le cours de la justice ». La jurisprudence étaie l'argumentaire en ajoutant notamment que « pour appliquer le droit, les Chambres devaient être en mesure de faire exécuter leurs actes et de maintenir dignité et respect »[38].

à l'appel de la décision portant condamnation pour outrage au Tribunal interjeté par Anto Nobilo, 30 mai 2001, (« Arrêt *Nobilo* »), par. 30 ; *Le Procureur c/ Astrit Haraqija et Bajrush Morina,* affaire n° IT-04-84-R77.4, Jugement relatif aux allégations d'outrage, (« Jugement *Haraqija* »), par. 16 ; Arrêt *Vujin* de première instance, par. 13 et 18 ; *Le Procureur c/ Josip Jović*, affaire n°IT-95-14 & IT-95-14/2-R77, Jugement, 30 août 2006, (« Jugement *Jović »)*, par. 11 ; *Le Procureur c/ Domagoj Margetić*, affaire n°IT-95-14-R77.6, Jugement relatif aux allégations d'outrage, 7 février 2007, (« Jugement *Margetić »)*, par. 13 ; *Le Procureur c/ Dragan Jokić,* affaire n°IT-05-88-R77.1, Jugement relatif aux allégations d'outrage, version publique expurgée, 27 mars 2009, *(«* Jugement *Jokić »)*, par. 9 ; *Le Procureur c/ Ivica Marijačić et Markica Rebić*, affaire n°IT-95-14-R77.2-A, Arrêt, 27 septembre 2006, (« Arrêt *Marijačić »),* par. 23 et 24 ; *Le Procureur c/ Baton Haxhiu*, affaire n°IT-04-84-R77.5, Jugement relatif aux allégations d'outrage, 24 juillet 2008, (« Jugement *Haxhiu* »), par. 9.

36 La référence au « pouvoir inhérent du Tribunal » a été introduite pour la première fois dans la septième version du Règlement de procédure et de preuve du 12 novembre 1997 et dans la onzième version du Règlement de procédure et de preuve du TPIR, le 27 mai 2003.

37 Article 77 F) du Règlement de procédure et de preuve du TPIY, IT/32/Rev.12, 12 novembre 1997.

38 Jugement Jokić, par. 9.

Les TPI justifient par la thèse de leur pouvoir inhérent l'incrimination de l'outrage. Selon cette idée, ce pouvoir existe depuis leur création. Cette justification n'est pas sans conséquence sur l'incrimination de l'outrage par les TPI.

Paragraphe 2. Conséquences et portée du pouvoir inhérent d'incriminer l'outrage aux tribunaux pénaux internationaux

La justification de la compétence des TPI de juger de l'outrage en raison de leur « pouvoir inhérent » a non seulement une portée fondamentale mais a également des conséquences sur la question de la rétroactivité de l'article 77 des Règlements.

A. La rétroactivité de l'article 77 des Règlements

Une conséquence remarquable est celle du problème de la rétroactivité ou de la non-rétroactivité de l'article 77 des Règlements. En effet, comme nous l'avons vu précédemment, l'article 77 des Règlements a fait l'objet d'un très grand nombre de modifications. Ces modifications eurent pour but, à chaque fois, d'ajouter un comportement supplémentaire comme pouvant être constitutif de l'outrage. Dès lors, l'argument fut soulevé selon lequel ces modifications ne peuvent avoir d'effet sur des procédures en cours, en vertu du principe connu en France sous le nom de non-rétroactivité de la loi pénale plus sévère. La question s'est notamment posée dans le cadre de l'affaire *Vujin*. La défense faisait valoir que la Chambre d'appel ne pouvait pas tenir compte des modifications de l'article 77 du Règlement qui étaient intervenues postérieurement aux faits reprochés, au motif que la définition de la conduite constituant un outrage avait été considérablement élargie. En vertu du pouvoir inhérent qui fonde l'incrimination de l'outrage, la Chambre d'appel a rejeté l'argument. Selon la Chambre d'appel, puisque le pouvoir inhérent du Tribunal de sanctionner l'outrage existe nécessairement depuis sa création, l'existence de ce pouvoir n'est pas tributaire d'une mention qui en serait faite dans le Règlement[39].

En d'autres termes, la Chambre d'appel a considéré que les comportements constitutifs d'outrage aux TPI qui apparaissent à l'article 77 du Règlement ne le sont que pour préciser l'infraction qui – en revanche – existe depuis la création du Tribunal. Selon la Chambre d'appel, les modifications apportées au texte initial n'élargissent donc pas la définition de la conduite constituant un outrage et, dès lors, n'empêchent pas l'incrimination d'un comportement constitutif d'outrage, même si sa mention à l'article 77 a été introduite postérieurement aux faits.

Outre sa capacité à donner implicitement une portée rétroactive à l'article 77 des Règlements, l'affirmation d'un pouvoir inhérent des TPI a pour conséquence de donner une portée importante à l'incrimination de l'outrage aux TPI.

B. La portée de l'incrimination

L'incrimination de l'outrage est considérée comme le « moyen par lequel les tribunaux peuvent agir pour prévenir ou sanctionner une conduite tendant à entraver le cours de la justice, à y porter préjudice ou à en abuser, soit en relation à une affaire en particulier, soit en général »[40]. Cette définition a été acceptée par un grand nombre d'illustres cours,

---

[39] Arrêt *Vujin* de première instance, par. 28.

[40] H. Phillimore, *Report of the Committee on Contempt of Court,* H.M. Stationery Off. London, 1974, par. 1.

notamment la Cour européenne des droits de l'homme[41] ou encore la Chambre des Lords[42].

Dès lors, les TPI ont, d'après leur propre jurisprudence, le pouvoir de sanctionner les outrages qui leur sont fait. La portée de l'incrimination d'outrage qui – par là – se dévoile est donc de protéger l'institution qu'est le tribunal et ce qu'il représente. Selon la jurisprudence « la notion d'outrage vise à réprimer toute conduite qui entrave le cours de la justice ou lui porte atteinte, afin que le Tribunal puisse exercer sans entrave la compétence qui lui est conférée par son statut et que sa fonction juridictionnelle fondamentale soit sauvegardée »[43]. De même, la jurisprudence précise que « les règles applicables en matière d'outrage ne sont pas destinées à rehausser la dignité des juges ou à sanctionner un simple affront fait à une cour ou à un tribunal, ou les insultes qui lui ont été adressées ; c'est plutôt la justice à proprement parler qui est bafouée par un outrage au tribunal, et non pas la juridiction ou le juge qui cherche à administrer la justice »[44]. Ainsi la portée de ce pouvoir est la protection de l'intégrité des procédures, l'objectif est de faire respecter la justice[45].

L'affaire *Hartmann* est intéressante en ce qu'elle révèle une autre portée de l'incrimination d'outrage. C'est en effet la

---

[41] CEDH, Affaire *Sunday Times c/ Royaume-Uni,* Requête n°6538/74, 26 avril 1979, par. 18 et 55.

[42] House of Lords, *Attorney General v. Times Newspaper Ltd (*1992) 1 AC 191, p. 207-209.

[43] Jugement *Hartmann*, par. 18 ; Arrêt *Vujin* de première instance, par. 13 et 18 ; Arrêt *Nobilo*, par. 30 et 36 ; *Le procureur c/ Beqa Beqaj,* Jugement relatif aux allégations d'outrage, affaire n°IT-03-66-T-R77, 27 mai 2005, (« Jugement *Beqaj* »), par. 9 et 10 à 13 ; Jugement *Jokić*, par. 9 ; Jugement Haraqija, par. 16 ; Jugement Margetić, par. 34 ; Arrêt *Marijačić*, par. 13 ; Jugement *Haxhiu*, par. 9.

[44] Arrêt *Vujin* de première instance, par. 18, Arrêt *Nobilo*, par. 36.

[45] Jugement *Hartmann*, par. 18.

première fois que la confidentialité des décisions, violée en l'espèce, était destinée à protéger les intérêts d'un État. Les juges sanctionnent donc ici le fait pour l'accusée d'avoir pu compromettre la bonne coopération du tribunal avec les États. Le pouvoir inhérent du tribunal en matière d'incrimination de l'outrage l'amène à protéger les intérêts des États. Mais le Tribunal le justifie en expliquant que si la confidentialité violée était destinée à protéger les États, leur non violation a des conséquences pour le tribunal en ce que celui-ci doit tout faire pour maintenir avec les États une bonne coopération[46].

Conclusion

L'incrimination de l'outrage est très particulière en ce que – même si des textes existent – c'est une théorie issue de la jurisprudence internationale qui fonde la compétence des TPI. En cela, l'outrage aux TPI doit être considéré comme une sorte d' « incrimination dérivée », en opposition aux incriminations principales prévues dans les Statuts des TPI que sont le génocide, le crime contre l'humanité et le crime de guerre. Cette justification de la compétence des TPI par l'existence d'un pouvoir inhérent est révélatrice de la façon de considérer l'outrage comme un instrument au service de la Justice pénale internationale.

[46] Jugement *Hartmann*, par. 72 et 74.

Chapitre 2

Éléments constitutifs de l'outrage aux tribunaux pénaux internationaux

Selon la formule consacrée par la jurisprudence des TPI – inspirée de la formule semblable utilisée en *common law* – les tribunaux doivent constater que sont établis « au-delà de tout doute raisonnable » tous les éléments constitutifs de l'outrage avant qu'une déclaration de culpabilité ne puisse être prononcée à l'encontre de l'accusé.

L'outrage prévu à l'article 77 A) des Règlements englobe tous les comportements entravant la bonne marche de la justice. L'outrage peut, en conséquence, viser un très grand nombre de comportements. Le juge Bonomy se prononce sur ce point dans l'opinion individuelle qu'il joint à une décision rendue dans le cadre des poursuites engagées pour outrage au tribunal contre un témoin dans l'affaire *Milošević* :

> Un outrage peut prendre diverses formes. De fait, il recouvre un large éventail de comportements, dont certains sont clairement criminels, et d'autres pas. Il englobe tout comportement qui entrave le cours de la justice ou est de nature disciplinaire, ainsi que tout comportement qui touche à l'origine des questions en litige devant le Tribunal. Il comprend tout comportement qui doit être jugé immédiatement s'il doit l'être efficacement, ainsi que tout comportement qui peut être jugé comme il convient en suivant les procédures pénales de droit commun dans les délais qu'elles imposent. Il peut également comprendre tout comportement devant les juges ou très loin du prétoire, comme des conversations avec des témoins ou la publication d'articles déplacés dans des journaux. Il peut enfin comprendre tout comportement de la part de personnes sur les

bancs du public, de conseils, de témoins ou de l'Accusé lui-même [47].

Ainsi, tous les comportements entravant la bonne marche de la justice peuvent être constitutifs d'un outrage (Section I), mais certains comportements sont particulièrement visés par l'article 77 des Règlements (Section II).

Section I – Éléments constitutifs de l'outrage apparaissant à l'article 77 A) des Règlements

Paragraphe 1. *Actus reus*

Le paragraphe A) de l'article 77 des Règlements prévoit l'outrage de façon générale. Il s'agit d'un acte qui entrave le cours de la justice. On peut imaginer un grand nombre de comportements. À l'origine, la première version du Règlement de procédure et de preuve du TPIY[48] ne prévoyait que l'hypothèse d'un témoin refusant de répondre aux questions de la Chambre. En revanche, le Règlement de procédure et de preuve du TPIR, adopté le 29 juin 1995, reprenait la version déjà améliorée du TPIY qui ajoutait à la première situation initialement envisagée le fait pour toute personne d'intervenir auprès d'un témoin ou de chercher à l'intimider. Mais finalement, les juges, ayant sans doute constaté qu'il était difficile d'envisager tous les comportements constitutifs de l'outrage, ont adopté une formulation laissant la porte grande ouverte à l'incrimination de nombreux comportements.

---

[47] *Le Procureur c/ Slobodan Milošević*, affaire n° IT-02-54-T-R77.4, Opinion individuelle du Juge Bonomy concernant l'outrage au Tribunal, 13 mai 2005, (« Opinion individuelle du Juge Bonomy concernant l'outrage au Tribunal »), par. 6.

[48] Règlement de procédure et de preuve du TPIY adopté le 11 février 1994, IT/32, 14 mars 1994.

Cet alinéa découle très naturellement de la jurisprudence selon laquelle le pouvoir du tribunal d'incriminer l'outrage lui est inhérent. En conséquence, il n'était pas nécessaire de prévoir la liste des comportements pouvant être incriminés puisque, de par son pouvoir inhérent, le tribunal peut sanctionner n'importe quel comportement qui entrave le cours de la justice.

Paragraphe 2. *Mens rea*

L'élément moral visé à l'article 77 A) du Règlement de procédure et de preuve consiste à entraver délibérément et sciemment le cours de la justice. Il s'agit là d'une intention spécifique qui peut être établie indépendamment ou déduite des faits de l'espèce. Cette condition avait été intégrée en premier lieu lors de l'affaire *Vujin*[49], puis introduite dans le Règlement de procédure et de preuve du TPIY lors de la révision du 13 décembre 2001[50]. C'est d'ailleurs pour non-respect de cette condition que l'arrêt de première instance dans l'affaire *Nobilo* avait été annulé par la Chambre d'appel du TPIY[51].

Cette intention vaut pour toutes les formes d'outrage dont les comportements n'ont pas été spécifiquement visés par le texte. Elle vaut aussi pour ceux explicitement visés par le texte, mais la jurisprudence va venir ajouter, selon les cas, des précisions.

L'article 77 A) définit l'outrage de façon générale, permettant d'y faire entrer un grand nombre de comportements. Mais la suite de l'article est venue préciser

---

[49] Arrêt *Vujin* de première instance, par. 29.
[50] Règlement de procédure et de preuve du TPIY, IT/32/Rev.19, 19 janvier 2001.
[51] Arrêt *Nobilo*.

certains comportements pouvant être constitutifs d'outrage aux TPI.

Section II – Les différents comportements constitutifs d'outrage aux tribunaux pénaux internationaux spécifiquement visés par l'article 77 des Règlements

L'article 77 A) des Règlements des TPI établit une liste de comportements constitutifs d'outrage. Comme cela a été précédemment expliqué, cette liste n'est pas exhaustive[52]. Elle prévoit des comportements qui se produisent dans le prétoire (outrage *in facie*) ou à l'extérieur de celui-ci (outrage *ex facie*).

Ainsi, peuvent être constitutif d'outrage ; le fait pour un témoin de refuser de répondre à une question de la Chambre[53] (paragraphe 1), le fait de divulguer des informations confidentielles[54] (paragraphe 2), le fait de refuser de comparaître devant une Chambre ou de refuser de produire des documents[55] (paragraphe 3), le fait de menacer, d'intimider ou de corrompre un témoin ou encore le fait de menacer[56] (paragraphe 4), d'intimider, d'essayer de corrompre toute personne dans le but de l'empêcher de respecter une obligation édictée par la Chambre[57] (paragraphe 5).

---

[52] Jugement *Hartmann*, par. 19 ; Arrêt *Nobilo*, par. 39 ; Jugement *Margetić*, par. 13.
[53] Article 77 A) *i)* des Règlements.
[54] Article 77 A) *ii)* des Règlements.
[55] Article 77 A) *iii)* des Règlements.
[56] Article 77 A) *iv)* des Règlements.
[57] Article 77 A) *v)* des Règlements.

Paragraphe 1. Article 77 A) *i)*, le fait pour un témoin de refuser de répondre à une question de la Chambre

A. *Actus reus*

Le comportement incriminé par cette forme d'outrage ne revêt pas de particulières difficultés quant à son appréciation puisqu'il est le fait pour un témoin de refuser de répondre aux questions qui lui sont posées. Il s'agit, comme précédemment expliqué, de la première forme d'outrage envisagée par le Règlement du TPIY.

Une exception est prévue au paragraphe E) de l'article 90 des Règlements qui prévoit que le témoin peut refuser de faire toute déclaration qui risquerait de l'incriminer. La Chambre peut toutefois l'obliger à répondre.

Dans sa version initiale de 1994, l'article 77 du Règlement du TPIY prévoyait à son alinéa B) la possibilité de considérer qu'il n'y avait pas d'infraction du fait de l'absence d'obligation pesant sur le témoin. Le texte précisait en effet que « [t]outefois, si elle le juge approprié, la Chambre peut relever le témoin de son obligation de répondre ». Le refus de répondre du témoin ne pouvait dès lors constituer la violation d'une règle, inexistante en l'espèce, ce qui entraînait une irresponsabilité. Le mécanisme peut rappeler celui des immunités prévues par le Code pénal français. Mais le Règlement du TPIY avait ceci de particulier que les éléments d'appréciation et les circonstances dans lesquelles le témoin pouvait être relevé de son obligation de témoigner étaient particulièrement flous. Ces critères étaient laissés à l'entière discrétion du juge.

À l'occasion d'une opinion dissidente[58], où l'argumentation principale visait le problème de l'élément moral que nous étudierons plus loin, le juge Kwon constate qu'à travers la formulation française du texte, il est apparemment impossible que l'outrage soit constitué par le refus d'un témoin de répondre à une question posée par les parties au procès. D'après l'interprétation du juge, le refus fautif ne concerne que les questions posées par la Chambre. Cette opinion peut être critiquée sur la base de la pratique des tribunaux. Si le texte français précise bien « malgré la demande qui lui en est faite par la Chambre », il ne semble pas pour autant limiter les cas aux questions posées par la celle-ci. En effet, dans l'hypothèse d'un témoin refusant de répondre à une question du Procureur par exemple, les juges de la Chambre interviendront très certainement afin de lui demander de répondre à la question et alors, si le témoin refuse toujours, l'outrage pourra éventuellement être constitué.

Dans la pratique, l'incrimination de ce comportement est une arme à la disposition des Chambres, leur permettant de faire pression sur des témoins qui refuseraient de collaborer. Mais on a pu assister à des situations gênantes où un témoin de l'accusation peut être absolument terrorisé par le fait de se retrouver face à l'accusé. Le témoin se retrouve alors dans la position où s'il n'arrive pas à surmonter ses peurs, il risque d'être lui-même poursuivi par le tribunal. C'est aussi pour cette raison que des mesures de protection ont été prévues par les TPI. Il s'agit de protéger les témoins et par là, de les rassurer afin qu'ils témoignent sans aucune pression, qu'ils pourraient éventuellement se mettre eux-mêmes.

---

[58] *Le Procureur c/ Slobodan Milošević,* affaire n°IT-02-54-T-R77, Décision de la Chambre de première instance relative au témoin K12, 21 novembre 2002, Opinion dissidente du Juge Kwon, par. 2.

B. *Mens rea*

Si, comme pour les autres formes d'outrage, l'intention est constituée lorsque l'accusé a entravé délibérément et sciemment le cours de la justice, la question s'est posée de savoir si, dans cette forme d'outrage, un degré d'intention plus élevé devait être prouvé. En effet, dans la version anglaise des Règlements, il est écrit qu'entrave délibérément et sciemment le cours de la justice celui qui « *being a witness before a Chamber, contumaciously refuses or fails to answer a question* ». Le terme « *contumaciously* » a fait l'objet d'interprétations variées dans le cadre de poursuites engagées sur la base de l'article 77 A) *i)* du Règlement. Selon l'interprétation choisie, un degré d'intention plus élevé que « délibérément et sciemment » peut en être déduit.

Dans l'affaire *Le Procureur c/ Milošević* concernant le témoin K12[59], la Chambre de première instance a considéré que le terme « *contumaciously* » devait être interprété comme un refus réitéré, persévérant, de déférer à une décision de justice. En revanche, le juge Kwon formule une opinion dissidente par laquelle il exprime une autre interprétation du terme « *contumaciously* ». Selon lui, il faudrait interpréter l'incrimination comme « le refus obstiné de répondre sans excuse valable »[60]. Il relève - à raison - que la version française du texte ne traduit pas le terme « *contumaciously* ». Il juge même la version française de l'article plus simple que sa contrepartie anglaise. Rappelons que le texte français incrimine celui qui « étant témoin devant une Chambre refuse

---

[59] *Le Procureur c/ Slobodan Milošević,* affaire n°IT-02-54-T-R77, Décision de la Chambre de première instance relative au témoin K12, 21 novembre 2002, CR du 18 novembre 2002, p. 12975 (audience ex parte, huis clos, communiqué sous forme expurgée).

[60] *Le Procureur c/ Slobodan Milošević,* affaire n°IT-02-54-T-R77, Décision de la Chambre de première instance relative au témoin K12, 21 novembre 2002, Opinion dissidente du Juge Kwon, par. 2.

de répondre à une question malgré la demande qui lui en est faite par la Chambre »[61].

Toujours dans l'affaire *Le Procureur c/ Milošević* mais concernant cette fois la procédure ouverte contre Kosta Bulatović, la Chambre de première instance a estimé qu' « en refusant délibérément de se plier aux injonctions de la Chambre de première instance et en persistant dans ce refus même après avoir été pleinement informé [qu'il risquait d'être poursuivi pour outrage] et avoir eu à nouveau la possibilité de répondre », Kosta Bulatović avait « délibérément et sciemment entravé le cours de la justice au Tribunal »[62]. Le juge Bonomy a formé une opinion individuelle. Il explique n'être pas d'accord avec l'interprétation choisie par la Chambre du terme « *contumaciously* ». Selon le juge Bonomy, « l'expression anglaise '*contumacious conduct*' s'entend d'un refus [obstiné ou délibéré] d'obtempérer »[63]. La Chambre d'appel a eu à se prononcer sur les poursuites engagées contre Kosta Bulatović[64]. Elle a confirmé les conclusions de la Chambre de première instance mais n'a pas défini le terme « *contumaciously* ».

Face à cette difficulté, la Chambre de première instance, ayant eu à connaître des poursuites pour outrage engagées à l'encontre de Dragan Jokić, a refusé d'entrer dans le débat et a considéré que « puisque le fait d'interpréter ce

---

[61] Article 77 A) *i)* des Règlements (version française).

[62] *Le Procureur c/ Slobodan Milošević, Poursuites engagées contre Kosta Bulatović pour outrage*, affaire n° IT-02-54-R77.4, Décision relative à une affaire d'outrage au Tribunal, 13 mai 2005, (« Jugement *Bulatović »)*, par. 16.

[63] Opinion individuelle du Juge Bonomy concernant l'outrage au Tribunal, 13 mai 2005, par. 1.

[64] *Le Procureur c/ Slobodan Milošević*, affaire n° IT-02-54-A-R77.4, Arrêt interlocutoire concernant les poursuites engagées contre Kosta Bulatović pour outrage, (« Arrêt *Bulatović »)*, par. 40- 43.

terme [« *contumaciously* »] comme supposant un degré d'intention plus élevé que 'délibérément et sciemment' pose des problèmes inutiles, la Chambre de première instance estime qu'au sens de l'article 77 A) *i)* du Règlement, est pénalement responsable tout témoin qui entrave délibérément et sciemment le cours de la justice en persistant, sans excuse valable, dans son refus de répondre aux questions devant la Chambre »[65].

La question de savoir ce qu'est une excuse valable est toujours compliquée. Il apparaît que les juges ont une absolue libre interprétation. En l'espèce, la Chambre de première instance II a considéré que « le refus ou la crainte d'incriminer d'autres personnes ne constitue pas une excuse valable pour refuser de témoigner »[66].

Si des condamnations concernant des témoins ayant refusé de témoigner ont déjà été prononcées par les TPI, le fait de divulguer des informations confidentielles fait l'objet d'un contentieux plus important.

Paragraphe 2. Article 77 A) *ii)*, le fait de divulguer des informations confidentielles

A. *Actus reus*

Concernant l'outrage incriminé par le fait de divulguer des informations confidentielles, l'élément matériel est constitué dès lors que les informations sont relatives à une instance introduite devant le tribunal et que cette divulgation

[65] Jugement *Jokić*, par.12.
[66] Jugement *Jokić*, par.30.

viole la confidentialité ordonnée par une Chambre[67]. Selon la jurisprudence, le terme « divulgation » s'entend « du fait de dévoiler à un tiers ou au public des informations jusque-là confidentielles »[68]. Pour que l'outrage visé à l'article 77 A) *ii)* du Règlement soit matériellement constitué, il faut que la divulgation de l'information viole objectivement la confidentialité ordonnée, oralement ou par écrit, par une Chambre de première instance ou la Chambre d'appel. Par exemple, l'élément matériel peut être constitué par la divulgation de l'identité d'un témoin bénéficiant de mesures de protection destinées à éviter une telle divulgation[69].

Dans ce type d'affaire pour outrage, la défense fait très souvent – explicitement ou non – référence dans son argumentation à l'existence d'un acte contraire et/ou à une renonciation du requérant. L'objectif pour la défense est de démontrer que les informations ne sont plus considérées comme confidentielles de par l'existence d'un acte contraire ou d'une renonciation du requérant. L'acte contraire est un acte antérieur à celui reproché à l'accusé par lequel les informations avaient déjà été rendues publiques.

Cet argument a par exemple été soulevé par la défense de Florence Hartmann mais rejeté par la Chambre de première instance[70]. En l'espèce, la défense arguait que les informations avaient été dévoilées par le Tribunal lui-même

---

[67] Article 77 A) *ii)* du Règlement ; Voir aussi Jugement *Hartmann*, par. 20 ; *Le Procureur c/ Josip Jović,* affaire n° IT-95-14 & IT-95-14/2-R77, Arrêt, 15 mars 2007, (« Arrêt *Jović »)*, par. 30 ; Arrêt *Marijačić,* par. 24.
[68] Jugement *Hartmann*, par. 20 ; Arrêt *Marijačić,* par. 17 ; Jugement *Haxhiu*, par. 10.
[69] Arrêt *Nobilo*, par. 40 ; *Le Procureur c/ Vojislav Šešelj*, affaire n°IT-03-67-R77.2, Décision relative aux allégations d'outrage, 21 janvier 2009, par. 5.
[70] Jugement *Hartmann*, par. 36 – 40. Notons que la Chambre d'appel ne s'est pas encore prononcée dans cette affaire.

qui avait à plusieurs reprises fait référence aux décisions confidentielles en question. La Chambre a considéré que la confidentialité d'une décision de justice empêche la divulgation de sa teneur, non de son existence[71]. Un autre argument de la défense de Florence Hartmann était basé sur le fait que celui qui avait demandé les mesures de protection avait lui-même divulgué les informations confidentielles avant que l'accusée ne le fasse. Selon la défense, cette divulgation vaut renonciation de la confidentialité des informations protégées[72]. L'argument est lui aussi rejeté par la Chambre de première instance qui rappelle la conclusion que la Chambre d'appel avait adoptée lors de l'affaire *Marijačić* selon laquelle « une ordonnance reste en vigueur jusqu'à ce qu'une Chambre en décide autrement »[73]. Ainsi la confidentialité des informations est maintenue jusqu'à ce qu'elle soit expressément levée par une décision d'une Chambre du Tribunal[74]. Cet argument est fondé sur un souci d'efficacité, la Chambre d'appel a considéré que conclure dans le sens contraire serait prendre le risque d'empêcher le Tribunal de remplir ses fonctions en mettant en péril l'ensemble des mesures de protection ordonnées par une Chambre[75].

Dans la procédure en vigueur au sein des TPI, le Procureur établit un acte d'accusation contre une personne qui restera confidentiel pendant un certain temps. C'est le Procureur qui décide un jour de lever la confidentialité de cet acte d'accusation. Il n'y a donc pas d'autorisation de la Chambre dans cette hypothèse. Le Procureur se rend-t-il alors

[71] Jugement *Hartmann*, par. 38.
[72] Jugement *Hartmann*, par. 41.
[73] Jugement *Hartmann*, par. 43, Arrêt *Marijačić,* par. 45. Voir aussi Arrêt *Jović,* par. 30.
[74] Jugement *Hartmann*, par. 46.
[75] Jugement *Hartmann*, par. 43.

coupable d'outrage au tribunal sur la base du comportement incriminé à l'article 77 A) *ii)* ? La Chambre de première instance, dans l'affaire *Hartmann*, s'est prononcée sur cette question. Son argumentation est assez limitée, elle explique très succinctement que par sa définition même, l'acte d'accusation est voué à être signifié au suspect et à perdre du même coup son caractère confidentiel. La chambre considère que le cas est différent puisque c'est la personne qui avait demandé l'octroi des mesures de protection accordées qui, dans le cadre de ses fonctions au sein du Tribunal, rend le document public[76]. Si l'on comprend que la Chambre ait opté pour cette conclusion, notons néanmoins que l'argument semble maladroit car en contradiction avec l'analyse jurisprudentielle rappelée précédemment selon laquelle la confidentialité des informations est maintenue jusqu'à ce qu'une Chambre en décide autrement. La Chambre aurait peut-être pu argumenter sur la nécessaire bonne marche de la justice ou encore sur l'existence d'un pouvoir inhérent du Procureur qui lui permet d'échapper à l'incrimination d'outrage pour cet acte.

B. *Mens rea*

Concernant l'outrage constitué par le fait de divulguer des informations relatives à une instance introduite devant le tribunal, l'élément moral exige le fait de savoir que la divulgation des informations en cause viole la confidentialité ordonnée par une Chambre[77].

---

[76] Jugement *Hartmann*, par. 44.

[77] Article 77 A) *ii)* des Règlements ; Jugement *Hartmann*, par. 22 ; *Le Procureur c/ Ivica Marijačić et Markica Rebić*, affaire n°IT-95-14-R77.2, Jugement, 10 mars 2006, (« Jugement *Marijačić* »), par. 18 ; Jugement *Jović*, par. 20 ; Jugement *Haxhiu*, par. 11.

La Chambre d'appel, dans le cadre de l'affaire *Nobilo*, s'est trouvée confrontée à la question de savoir si l'accusation devait apporter la preuve d'une connaissance *effective* de l'ordonnance qui avait été violée. Elle a décidé que cette preuve pouvait être apportée, au même titre que la preuve d'un aveuglement délibéré. Le requérant invoquait l'interprétation faite par la Chambre d'appel dans l'arrêt *Vujin* où il était précisé que le Tribunal peut déclarer coupable d'outrage les personnes qui entravent « délibérément et sciemment » le cours de la justice et donc l'intention spécifique requise pour tous les outrages. L'Accusation, en revanche, considérait qu'il suffisait d'établir un « aveuglement délibéré » quant à l'existence de l'ordonnance en se fondant sur le fait que dans la *common law*, un tel état d'esprit est, dans certains domaines du droit pénal, aussi blâmable que la connaissance effective d'un fait particulier. Ainsi, toujours selon l'Accusation, il est des domaines où la preuve est faite de la connaissance de l'existence d'un fait particulier dans les cas où il est établi que l'accusé soupçonnait l'existence de ce fait (ou savait que son existence était fortement probable) mais s'est abstenu de vérifier son existence pour pouvoir la nier (ou parce qu'il préférait l'ignorer)[78].

La Chambre d'appel établit une distinction entre la négligence et l'aveuglement délibéré et ne retient que le second critère comme pouvant constituer une violation de l'article 77 A) *ii)* du Règlement. En effet, « le simple fait de s'abstenir de vérifier si une ordonnance aux fins de mesures de protection a été délivrée en faveur d'un témoin particulier ne saurait en aucun cas être assimilé à un outrage » et « une conduite négligente peut donner lieu à des mesures disciplinaires, suffisantes et plus appropriées, mais ne saurait en aucun cas justifier une peine d'emprisonnement ou une

[78] Arrêt *Nobilo*, par. 43.

amende élevée, même si cette conduite a eu pour conséquence imprévue d'entraver le cours de la justice »[79].

La Chambre d'appel considère en outre que la preuve de l'aveuglement délibéré (ou ignorance délibérée) quant à l'existence d'une ordonnance doit être faite par la démonstration que la personne en cause soupçonnait ou pensait qu'une telle ordonnance pouvait exister[80]. Ainsi, la jurisprudence considère que la preuve d'une violation délibérée et non fortuite suffit, dans la plupart des cas, à constituer l'élément moral de l'infraction[81]. Elle précise en outre que la connaissance peut se déduire de diverses circonstances[82]. En d'autres termes, l'élément moral peut se déduire d'un faisceau d'indices. Ainsi la jurisprudence reconnaît elle-même que « lorsqu'il est établi que l'accusé avait connaissance du caractère confidentiel conféré aux informations, il en sera presque inévitablement conclu que la violation était intentionnelle »[83]. L'élément intentionnel de ce type d'outrage est donc particulièrement facile à démontrer. La jurisprudence a pu ajouter que « l'aveuglement délibéré quant à ce caractère *[confidentiel]*, ou l'indifférence totale quant aux conséquences de l'acte constitutif de la violation peuvent suffire à caractériser l'élément moral »[84]. Mais dans l'arrêt *Nobilo*, la Chambre d'appel se refuse à tirer des conclusions sur la question de savoir si l'indifférence totale quant à l'existence même d'une ordonnance suffit à constituer l'élément moral de l'outrage. Elle déclare

---

[79] Arrêt *Nobilo*, par. 45.
[80] Arrêt *Nobilo*, par. 51.
[81] Jugement *Hartmann*, par. 22 ; Arrêt *Nobilo*, par. 54.
[82] Jugement *Hartmann*, par. 22 ; Jugement *Marijačić,* par. 18 ; Jugement *Margetić*, par. 37.
[83] Jugement *Hartmann*, par. 22 ; Arrêt *Nobilo*, par. 54.
[84] Jugement *Hartmann*, par. 22.

simplement que cette question doit être tranchée « au cas par cas »[85].

En plus de la connaissance de l'ordonnance (qu'il s'agisse d'une connaissance *effective* ou d'un aveuglement délibéré), l'Accusation doit également apporter la preuve de l'intention de violer ou de ne pas prendre en considération l'ordonnance en question. Mais la Chambre d'appel explique qu'en pratique, dans la plupart des cas où il a été établi que la personne accusée d'outrage avait connaissance de l'ordonnance qu'elle a violée, il a presque été automatiquement conclu à l'intention de violer ladite ordonnance[86]. Mais de façon bien plus sévère, la Chambre d'appel écrit dans l'arrêt *Nobilo* qu' « il peut cependant exister des cas où la personne accusée d'outrage a agi avec une indifférence totale quant au fait de savoir si elle violait par son acte une ordonnance particulière. De l'avis de la Chambre d'appel, pareille conduite est suffisamment blâmable pour être sanctionnée en tant qu'outrage, même si elle ne prouve pas qu'il existait une intention spécifique de violer l'ordonnance en question »[87]. Cette interprétation particulièrement stricte semble en contradiction avec le caractère intentionnel de l'infraction puisque la Chambre n'exige pas, dans ce cas précis, une intention spécifique. La Chambre d'appel reconnaît cette sévérité et la justifie par la conduite particulièrement blâmable dont il est question dans ce type d'outrage[88].

Le contentieux basé sur le paragraphe suivant de l'article 77 A) est nettement moins important que celui basé sur la divulgation d'informations confidentielles. En effet, le

---

[85] Arrêt *Nobilo,* par. 45.
[86] Arrêt *Nobilo*, par. 54.
[87] Arrêt *Nobilo,* par. 54.
[88] Arrêt *Nobilo*, par. 54.

fait de méconnaître une ordonnance de la Chambre en refusant de comparaître devant une Chambre a fait l'objet d'une seule condamnation.

Paragraphe 3. Article 77 A) *iii),* le fait de méconnaître une ordonnance de la Chambre en refusant de comparaître devant une Chambre ou en refusant de produire des documents

A. *Actus reus*

Notons en premier lieu qu'il était prévu à l'article 77 A) *i*) un outrage « ponctuel », limité au refus de répondre à une question particulière. En revanche, avec cet alinéa, il s'agit d'un refus global de répondre qui se caractérise par le refus pur et simple de répondre à la convocation du tribunal.

L'*actus reus* est, dans cette hypothèse, constitué si l'accusé a méconnu une ordonnance aux fins de comparaître devant la Chambre ou aux fins de produire des documents devant la Chambre. Outre cette méconnaissance, il faut vérifier que l'accusé n'avait pas une excuse valable pour méconnaître l'ordonnance en question.

En quoi consiste cette excuse valable ? Aucune définition n'est donnée par la jurisprudence, nous pouvons seulement déduire des décisions rendues en la matière que le doute qui aurait assailli l'accusé sur la question de savoir s'il était bien le destinataire de la citation à comparaître pourrait peut-être constituer une excuse valable[89]. En effet, en l'espèce, la Chambre de première instance a considéré que l'accusé n'avait pu raisonnablement douter qu'il était bien le

[89] *Dans l'affaire contre Ljubiša Petković*, affaire n° IT-03-67-R77.1, Version expurgée du jugement prononcé le 11 septembre 2008, 11 septembre 2008, (« Jugement *Petković* »), par. 48.

destinataire de la citation à comparaître. En motivant en ce sens, plutôt qu'en déclarant que même si l'accusé avait eu un doute cela ne constituait pas une excuse valable, la Chambre laisse l'hypothèse ouverte. Dans la même affaire, la question de l'état de santé du témoin est posée comme pouvant constituer une excuse valable à la méconnaissance d'une ordonnance de citation à comparaître. Mais en l'espèce l'argument est rejeté[90].

Notons que l'affaire *Ljubiša Petković* est, à ce jour, la seule qu'ait eu à connaître le TPIY concernant la situation prévue à l'article 77 *iii)* du Règlement. Récemment, une ordonnance tenant lieu d'acte d'accusation a été rendue par une Chambre de première instance du TPIY concernant une affaire d'outrage pour un témoin qui méconnaît une ordonnance aux fins de comparaître devant ladite Chambre[91].

B. *Mens rea*

La *mens rea* de l'outrage incriminé à l'article 77 A) *iii)* du Règlement est constituée par le fait, pour l'accusé, d'avoir eu connaissance de l'ordonnance qu'il a méconnue. Lorsqu'un témoin méconnaît l'ordonnance de comparution délivrée par la Chambre, l'accusation devra apporter la preuve que l'accusé savait qu'il lui était ordonné de comparaître. Dans cette situation encore, l'accusé peut faire valoir une « excuse valable » laissée à l'appréciation de la Chambre. L'élément moral est ainsi constitué si l'accusé s'est soustrait volontairement à l'exécution de la citation à comparaître[92]. Cet élément emporte conséquence qu'il a délibérément et sciemment entravé le cours de la justice.

---

90 Jugement *Petković*, par. 52.

91 *Le Procureur c/ Berko Zečević*, Ordonnance tenant lieu d'acte d'accusation, affaire n°IT-95-5/18-R77.1, 4 février 2011 rendu public le 15 février 2011.

92 Jugement *Petković*, par. 57.

Le comportement visé au paragraphe suivant est le premier à avoir été pensé par les rédacteurs des Règlements. Le fait de menacer un témoin est sans doute, et à raison, considéré comme une entrave particulièrement grave au fonctionnement des TPI.

Paragraphe 4. Article 77 A) *iv),* le fait de menacer, d'intimider, de léser ou d'essayer de corrompre un témoin ou un témoin potentiel qui dépose, a déposé ou est sur le point de déposer devant une Chambre de première instance ou de toute autre manière fait pression sur lui

A. *Actus reus*

L'élément matériel de l'infraction d'outrage prévue à l'article 77 A) *iv)* du Règlement est caractérisé par la preuve de menace, d'intimidation, de voies de fait, de subornation ou de pressions exercées de toute autre manière sur un témoin ou un témoin potentiel. Ces termes ont du être précisés par la jurisprudence. En effet, la défense, dans l'affaire *Beqa Beqaj,* arguait que l'infraction réprimée par l'article 77 A) *iv)* du Règlement était définie en des termes vagues et que le mot « pressions » était un terme fourre-tout, ce qui était contraire au principe *nullum crimen sine lege*[93].

Ainsi, la jurisprudence a précisé qu'elle entend par « menace » l'expression de l'intention de nuire à un témoin ou à une tierce personne et/ou d'endommager le bien d'un témoin ou d'une tierce personne afin de l'intimider ou de fléchir sa volonté[94]. Selon le Comité des Ministres du Conseil de l'Europe, l' « intimidation » s'entend de « toute menace directe, indirecte ou potentielle exercée sur un témoin et

---

93 Jugement *Beqaj*, par. 7.

94 Jugement *Haraqija*, par. 18 ; Jugement *Beqaj*, par. 16.

pouvant conduire à une ingérence dans son devoir de témoigner en ne subissant aucune influence, quelle qu'elle soit »[95]. La jurisprudence reprend la substance de cette définition et déclare entendre par « intimidation » les actes ou les omissions coupables qui peuvent constituer des menaces directes, indirectes ou potentielles adressées à un témoin, par lesquels on peut faire pression sur lui ou influencer son témoignage[96]. Enfin, le terme « subornation » s'analyse selon la jurisprudence, comme le fait pour une personne de pousser autrui à une action illicite ou malhonnête en sa faveur[97], mais aussi comme le fait d'offrir ou de promettre un prix, une récompense, un don ou un avantage en vue d'influencer une personne[98].

Selon le texte, est incriminé, en outre, le fait de faire pression « de toute autre manière » sur des témoins ou des témoins potentiels (« *otherwise interfering with witnesses or potential witnesses* »). Cette expression rend l'incrimination non-limitative et lui permet d'englober tous les comportements ayant pour conséquence de dissuader un témoin de faire une déposition entièrement véridique ou d'influencer de quelque manière que ce soit son témoignage. Dans la décision *Maglov*, la Chambre de première instance II a déclaré que l'élément matériel de l'infraction consistant à « faire pression sur un témoin de toute autre manière » pouvait revêtir différentes formes et que ces formes comprenaient, sans s'y limiter, « le fait de faire en sorte, par la corruption ou autrement, qu'un témoin soit introuvable,

---

95 Comité des Ministres du Conseil de l'Europe, Recommandation n° R (97) 13 sur l'intimidation des témoins et les droits de la défense, adoptée le 10 septembre 1997.

96 Jugement *Haraqija*, par. 18.

97 Jugement *Beqaj*, par. 18 reprenant la définition de l'*Oxford Dictionnary of Law*, 4t ed. (1999).

98 Jugement *Beqaj*, par. 18 reprenant la définition du *Black's Law Dictionnary*, 7t ed. (1999).

pour éviter ou empêcher qu'une injonction de comparaître lui soit signifiée, le fait d'agresser, de menacer ou d'intimider un témoin ou une personne probablement appelée à comparaître comme témoin, le fait d'influencer un témoin contre une partie, notamment en dénigrant celle-ci, le fait d'entreprendre, par la corruption, de pousser un témoin à dissimuler des éléments de preuve »[99].

Selon la jurisprudence, pour être qualifié d'outrage au tribunal, le comportement en question doit être suffisamment grave pour être de nature à intimider un témoin[100]. Cela rejoint l'interprétation de la Chambre de première instance du TPIR qui a considéré que la disposition qui prévoit qu' « au titre des actes constitutifs d'outrage l'intervention auprès d'un témoin, doit être interprétée comme ne sanctionnant une telle intervention que si elle est abusive »[101].

La jurisprudence précise en outre qu'il importe peu que le témoin se soit véritablement senti menacé ou intimidé ou encore qu'il ait renoncé ou non à témoigner[102]. La responsabilité de l'accusé ne dépend pas des conséquences de son comportement.

---

[99] *Le procureur c/ Radoslav Brdanin, Concernant les allégations formulées à l'encontre de Milka Maglov,* affaire n° IT-03-66-T-R77, Décision relative à la demande d'acquittement introduite en vertu de l'article 98bis du Règlement, 19 mars 2004, (« Jugement *Brdanin* »), par. 27.

[100] Jugement *Brdanin*, par. 22.

[101] *Le procureur c/ Juvénal Kajelijeli,* affaire n° ICTR-98-44A-T, Décision sur la requête de Kajelijeli demandant que des membres du Bureau du Procureur soient déclarés coupables d'outrage au Tribunal en vertu de l'article 77 C) du Règlement, 15 novembre 2002, par. 9.

[102] Jugement *Haraqija*, par. 18 ; Jugement *Beqaj*, par. 21.

Soulignons enfin que le terme « témoin potentiel » permet de faire entrer dans le champ d'incrimination un grand nombre de situations.

B. *Mens rea*

Ainsi, l'outrage constitué par le fait notamment de menacer ou d'intimider un témoin n'exige pas que le témoin en question se soit senti menacé et qu'il ait effectivement menti lors de son témoignage. En revanche, l'élément moral exige que l'accusé ait non seulement agi délibérément mais qu'il ait su que son comportement était susceptible de dissuader le témoin de déposer ou d'influencer son témoignage[103].

Le comportement ici étudié est l'un des comportements le plus régulièrement allégué devant les TPI. Le paragraphe suivant vise un comportement similaire mais ne concerne plus seulement la seule protection des témoins.

Paragraphe 5. Article 77 A) *v)*, le fait de menacer, d'intimider, d'essayer de corrompre ou de toute autre manière de chercher à contraindre toute autre personne, dans le but de l'empêcher de s'acquitter d'une obligation découlant d'une ordonnance rendue par un Juge ou une Chambre

A. *Actus reus*

Il semblerait qu'aucune décision n'ait été rendue, à ce jour, sur le fondement de l'article 77 A) *v)* du Règlement par les TPI. Sans empiéter sur le pouvoir d'appréciation des chambres des TPI, on peut sans doute se référer à l'élément matériel de l'article 77) A) *iv)* à la différence que

103 Jugement *Haraqijaf*, par. 19.

l'incrimination est encore plus large puisqu'il s'agit de « toute autre personne » et pas seulement des témoins ou témoins potentiels.

B. *Mens rea*

Là encore, le manque de jurisprudence en la matière ne permet pas de déterminer si un élément moral spécifique serait requis dans cette hypothèse. Comme pour l'élément matériel, les similitudes de ce paragraphe avec le paragraphe i*v)* peuvent laisser penser que l'élément moral sera semblable.

Conclusion

L'incrimination de l'outrage englobe un très grand nombre de comportements puisque la liste explicitement prévue par le texte n'est pas limitative. Cette liste révèle néanmoins que les juges ont voulu attirer l'attention sur certains types de comportements sans doute considérés comme les plus graves. On peut s'étonner de l'absence de l'incrimination explicite en tant qu'outrage, des insultes faites aux juges ou membres des TPI. Cette forme d'outrage est la plus couramment incriminée dans les systèmes nationaux. Elle n'a été envisagée pour la première fois, au niveau des juridictions internationales, que par le Tribunal spécial pour le Liban[104]. La situation s'est pourtant présentée devant le

[104] L'article 60*bis* A) vii) du Règlement de procédure et de preuve du Tribunal spécial pour le Liban vise le comportement selon lequel un individu « menace, intimide, profère publiquement de graves propos diffamatoires en faisant des déclarations dont la publication est incompatible avec la liberté d'expression telle que consacrée par les normes internationales des droits de l'homme, tente de corrompre ou cherche d'une autre manière à contraindre un juge ou tout autre membre du Tribunal ». Selon le Président du tribunal, plusieurs conditions doivent être remplies pour que le comportement visé à cet article soit constitutif

TPIY où l'accusé Vojislav Šešelj, connu pour ses provocations et insultes à l'encontre des magistrats et membres du TPIY[105], n'a pourtant jamais été inquiété pour ces faits. Ceci est sans doute révélateur de la volonté d'incriminer des comportements entravant le bon déroulement de la Justice et non d'utiliser cette incrimination pour condamner les atteintes plus personnelles.

---

d'un outrage : « D'abord, les propos doivent être graves, proférés publiquement, et diffamatoires à l'encontre d'un juge ou d'un membre du Tribunal. Ensuite, la déclaration doit être non fondée, c'est-à-dire qu'elle se rapporte à un fait inexact. Par ailleurs, les propos doivent être proférés dans l'intention d'entraver l'administration de la justice par le Tribunal. Enfin, ces propos ne sauraient bénéficier de la protection garantie par la liberté d'expression, telle que consacrée par les normes internationales de droits de l'homme », (Mémoire explicatif du Règlement de procédure et de preuve du Président du Tribunal Spécial pour le Liban, 25 novembre 2010, p. 17-18).

[105] Voir par exemple *Le Procureur c/ Vojislav Šešelj*, affaire n° IT-03-67-PT, Décision relative à la requête aux fins du dessaisissement du Procureur du Tribunal international – Carla Del Ponte, 2 décembre 2004, par. 3, où il est fait mention d'insultes proférées par l'accusé à l'encontre de Carla Del Ponte.

Chapitre 3

La répression de l'outrage aux tribunaux pénaux internationaux

La répression de l'outrage aux TPI s'est de plus en plus développée, et particulièrement devant le TPIY. Différentes personnes peuvent faire l'objet de poursuites pour outrage aux TPI (section I). Les tribunaux leurs infligent des peines parfois sévères (section II).

Section I - Les personnes pouvant être accusées d'outrage aux tribunaux pénaux internationaux

La distinction entre les personnes pouvant être accusées d'outrage aux TPI s'effectue au regard de leur qualité (paragraphe 1) et du mode de participation (paragraphe 2).

Paragraphe 1. La qualité des individus poursuivis pour outrage aux tribunaux pénaux internationaux

L'article 77 indique que peuvent être déclarées coupables « les personnes qui entravent délibérément et sciemment le cours de la justice » sans préciser le type de personnes pouvant être poursuivies pour outrage. En conséquence, les parties au procès mais aussi les tiers peuvent théoriquement être poursuivis.

A. Les parties au procès

Les conseils – représentants de l'accusé - peuvent faire l'objet de poursuite pour outrage. Ce fut d'ailleurs le cas de la première affaire pour outrage devant le TPIY qui visait Milan Vujin, conseil de Duško Tadić, condamné le 31 janvier

2000[106] pour avoir enjoint des témoins et des personnes sur le point de faire une déposition devant le co-conseil de Duško Tadić à mentir.

Outre son conseil, l'accusé lui-même peut faire l'objet de poursuite pour outrage. C'est le cas notamment de Vojislav Šešelj, poursuivi initialement par le TPIY pour violation des droits et coutumes de la guerre et crime contre l'humanité, il a été condamné[107] pour avoir délibérément et sciemment entravé le cours de la justice en divulguant des informations confidentielles, violant ainsi des ordonnances portant mesures de protection, et en divulguant des extraits de la déposition écrite d'un témoin dans un livre dont il est l'auteur. Cette première condamnation ne semble pas l'avoir particulièrement impressionné puisqu'une deuxième procédure pour outrage a été lancée à son encontre pour des faits similaires[108] et une troisième pour ne pas avoir retiré des informations confidentielles de son site Internet privé, en violation des ordonnances d'une Chambre[109].

La situation devient plus délicate pour les TPI lorsqu'il est question d'engager des poursuites pour outrage contre le Procureur ou un de ses représentants. À ce jour, aucune

---

[106] Arrêt *Vujin.*

[107] *Le Procureur c/ Vojislav Šešelj*, affaire n° IT-03-67-R77.2, Version publique et expurgée du « Jugement relatif aux allégations d'outrage » rendu le 24 juillet 2009, 24 juillet 2009, (« Jugement *Šešelj* ») puis confirmé par la Chambre d'appel, *Prosecutor v. Vojislav Šešelj*, Case no. IT-03-67-R77.2-A, Judgement, 19 mai 2010.

[108] Vojilav Šešelj est accusé, dans le cadre de cette deuxième procédure pour outrage, d'avoir divulgué dans un livre des informations susceptibles de révéler l'identité de 11 témoins protégés, violant ainsi une ordonnance de la Chambre.

[109] *Prosecutor v. Vojislav Šešelj*, Case No IT-03-67-R77.4, Public edicted version of « decision on failure to remove confidential information from public website and order in lieu of indicment » issued on 9 mai 2011, 24 mai 2011.

condamnation pour outrage n'a jamais été prononcée contre les membres du Bureau du Procureur. Est-ce parce que le Procureur a une conduite exemplaire ou parce que les juges sont frileux à l'idée d'engager ce type de poursuite ? En effet, on peut penser qu'en condamnant des membres de l'accusation pour outrage, le tribunal offrirait le bâton pour le battre à ses détracteurs et ainsi alimenter toutes les critiques de ces derniers. Mais on peut raisonner autrement, en considérant que les pratiques des TPI doivent être exemplaires et que le fait de condamner les manquements du Procureur est une preuve de l'impartialité des juges. Les équipes de défense transmettent souvent, aux Chambres, des requêtes dénonçant des comportements du Procureur constitutifs selon elles d'outrage au tribunal. Mais aucunes de ces requêtes n'ont, à ce jour, donné lieu à condamnation.

En revanche, une décision remarquable a été prise par la Chambre préliminaire III du TPIY. Les juges de cette Chambre avaient été saisis d'une requête pour outrage par laquelle l'accusé, Vojislav Šešelj, alléguait des pressions ou intimidations de la part du Bureau du Procureur sur certains témoins[110]. La Chambre a, en conséquence, demandé à un *amicus curiae* d'enquêter sur les pratiques du Bureau du Procureur dans le cadre de l'affaire *Vojislav Šešelj*[111].

[110] *Le Procureur c/ Vojislav Šešelj*, affaire n° IT-03-67-T, Version expurgée de la « Décision en reconsidération de la décision du 15 mai 2007 sur la requête pour outrage de Vojislav *Šešelj* contre Carla Del Ponte, Hildegard Uertz-Retzlaff et Daniel Saxon », 29 juin 2010, citant en note de bas de page 1 *The Prosecutor v. Vojislav Šešelj*, case No IT-03-67-T, Motion by Professor Vojislav *Šešelj* for Trial Chamber III to instigate proceedings for contempt of the Tribunal against Carla del Ponte, Hildegard Uertz-Retzlaff and Daniel Saxon, confidentiel, 23 mars 2007.

[111] *Le Procureur c/ Vojislav Šešelj*, affaire n° IT-03-67-T, Version expurgée de la « Décision en reconsidération de la décision du 15 mai 2007 sur la requête pour outrage de Vojislav *Šešelj* contre Carla Del Ponte, Hildegard Uertz-Retzlaff et Daniel Saxon », 29 juin 2010.

L'*amicus curiae* a rendu son rapport le 5 octobre 2011 dans lequel il affirme qu'il n'y a pas de motifs suffisants pour engager des poursuites à l'encontre d'aucun membre du Bureau du Procureur ayant fait l'objet de l'enquête[112].

Outre les parties au procès, les tiers peuvent également faire l'objet de poursuites pour outrage aux TPI.

B. Les tiers

Théoriquement, tout individu, même tiers au procès, peut être poursuivi pour outrage. Mais parmi ces tiers, ce sont les témoins et les journalistes les plus exposés.

1. Les témoins

La procédure devant les TPI n'assimile pas les victimes à des parties au procès. Dès lors, les témoins, quels qu'ils soient, sont considérés comme des tiers au procès même s'ils en sont des participants essentiels. Ces témoins peuvent être poursuivis pour outrage aux TPI. C'est d'ailleurs, comme nous l'avons déjà vu, la première forme d'outrage qui avait été prévue par l'article 77 du Règlement du TPIY. Le témoin est l'unique auteur possible de l'outrage prévu à l'article 77 A) *i*) du Règlement. Son refus de témoigner peut donc être constitutif d'outrage. Mais il peut également être poursuivi s'il refuse de comparaître devant le tribunal. Ainsi, si le témoin est directement visé comme auteur de certaines formes d'outrage (et c'est d'ailleurs le seul participant au procès directement visé), il est également protégé par ce texte qui prévoit l'incrimination des pressions exercées sur un témoin. Ainsi, l'article 77 du Règlement à une double

---

[112] *Le Procureur c/ Vojislav Šešelj*, affaire n° IT-03-67-T, Décision portant nouvel enregistrement de la version publique expurgée du rapport de l'*amicus curiae,* 28 octobre 2011.

fonction en ce qu'il oblige le témoin à comparaître et à répondre aux questions, et, en même temps, le protège contre les intimidations extérieures.

La position du témoin au sein du procès est extrêmement compliquée. Venir témoigner devant les TPI nécessite un courage important pour les personnes concernées. Le Procureur a d'ailleurs, dans certains cas, de grandes difficultés à trouver des témoins. Conscient de ces difficultés, les rédacteurs des Règlements ont décidé de rendre obligatoire la comparution du témoin. Celui qui reçoit une convocation du Tribunal pénal international ne peut donc s'y soustraire. Des exceptions sont néanmoins prévues dans les cas où, par exemple, l'état de santé du témoin ne lui permettrait pas de témoigner. Mais là encore les TPI mettent tout en œuvre pour tout de même recevoir le témoignage puisque des témoignages par vidéoconférence peuvent être reçus par la Chambre, si elle considère que le témoin ne peut se déplacer jusqu'au tribunal. La pratique au sein des TPI permet de se rendre compte que les témoins mettent parfois tout en œuvre pour éviter d'accomplir leur obligation. Un certain nombre de témoins déclare d'ailleurs, de façon mensongère, un état de santé trop faible en espérant échapper à l'obligation. Dans cette situation, les TPI ont le pouvoir de désigner un médecin qui pourra établir objectivement l'état de santé du témoin.

On le voit, les témoins peuvent, dans certains cas, être effrayés voire terrorisés par le fait de devoir témoigner. C'est souvent le cas lorsqu'ils sont appelés à témoigner pour l'accusation et qu'ils devront subir un contre-interrogatoire particulièrement déstabilisant de la part de la défense. Cela est encore plus difficile à supporter lorsque l'accusé se défend tout seul. Il est aisé d'imaginer l'épreuve que le témoin doit subir lors d'un contre-interrogatoire mené par un homme qui est, peut-être, son ancien bourreau ou qui, de part sa position dans son pays d'origine, peut très largement impressionner.

Cette situation se retrouve dans le cadre du procès de Vojislav Šešelj. Devant l'agressivité de celui-ci pendant les contre-interrogatoires[113] on constate que les témoins refusent à présent de se rendre au tribunal ou se déclarent soudainement témoin de la défense. Face à cette difficulté, la Chambre de première instance III a décidé de les faire comparaître en tant que témoins de la Chambre. Ainsi, les témoins sont contraints par le tribunal non seulement de comparaître mais également de répondre aux questions qui leurs sont posées. Ces obligations peuvent parfois aboutir à des situations choquantes où le témoin est pris entre sa peur de l'accusé et sa peur d'être poursuivi à son tour par le TPI. Les juges doivent procéder, dans cette situation, avec beaucoup de prudence et, si nécessaire, ils ne devraient pas hésiter à renoncer au témoignage.

2. Les journalistes

L'incrimination du comportement prévu à l'article 77 A) *ii)* touche à la fois une partie au procès qui divulguerait des informations confidentielles mais aussi les tiers. Cette incrimination a conduit à la condamnation de journalistes

---

[113] Elisabeth Claverie, « Ménager la victime ? Ménager le coupable ? Jugement, révision et histoire devant le Tribunal pénal international pour l'ex-Yougoslavie. », *Droit et cultures*, 58 | 2009-2 ; dans cet article l'auteure reprend les paroles de Vojislav Šešelj qui, lors du contre-interrogatoire d'un témoin musulman, lui montre une photo et déclare : « Vous voyez comme c'est joli de voir une cocarde serbe sur un fez musulman. Ce n'est pas joli ça ? Je trouve ça très joli. Je pense que les Musulmans sont nos frères, ce sont des Serbes de religion islamique. Vous voyez comme la cocarde à l'air joli sur un fez musulman. » (Audience du 29 janvier 2009).

dont, par définition, la divulgation d'informations est le métier. C'est le cas de Florence Hartmann, accusée d'avoir sciemment et délibérément divulgué des informations confidentielles dans son ouvrage *Paix et Châtiment* publié le 10 septembre 2007 et son article « *Vital Genocide Documents Concealed* » publié par le *Bosnian Institute* le 21 janvier 2008. Florence Hartmann a été la porte-parole de 2000 à 2006 de Carla Del Ponte, ancienne Procureur des TPI.

La question fondamentale qui se pose alors toujours dans ce type d'affaire est de savoir comment concilier la nécessaire protection des ordonnances des TPI et la liberté d'expression des journalistes. La liberté d'expression est un droit reconnu à l'article 10 de la Convention européenne des droits de l'homme. La question a été soulevée devant le TPIY, outre lors de l'affaire *Hartmann*, également lors des affaires *Margetić* et *Jović*. Les chambres ont à chaque fois relevé que le droit à la liberté d'expression est effectivement consacré par plusieurs textes régionaux et internationaux[114], mais que ces textes apportent à la liberté d'expression certaines restrictions en ce qui concerne les procédures judiciaires. L'alinéa 2 de l'article 10 de la Convention européenne des droits de l'Homme énonce que l'exercice de la liberté d'expression peut être soumis à « certaines formalités, conditions, restrictions ou sanctions prévues par la loi, qui constituent des mesures nécessaires, dans une société démocratique (...) pour empêcher la divulgation d'informations confidentielles ou pour garantir l'autorité et l'impartialité du pouvoir judiciaire ». La jurisprudence des TPI se réfère à la jurisprudence de la CEDH selon laquelle punir l'outrage au pénal est une restriction raisonnable de la liberté d'expression dès lors que les poursuites sont

---

[114] C'est le cas de la Convention européenne des droits de l'homme en son article 10, du Pacte international en son article 19 2) et de la Déclaration universelle des droits de l'homme en son article 19.

proportionnées au but légitime poursuivi[115]. Selon ces jurisprudences, le but général poursuivi dans les affaires d'outrage est d'assurer la bonne administration de la justice et tendre ainsi vers des objectifs analogues à ceux envisagés à l'article 10 paragraphe 2 de la Convention européenne des droits de l'homme, à savoir préserver l'autorité et l'impartialité du pouvoir judiciaire en empêchant la divulgation d'informations confidentielles[116].

Plus récemment, la CEDH a de nouveau eu à se prononcer sur la conciliation entre l'incrimination d'outrage et l'article 10 de la Convention européenne des droits de l'homme. Dans cet arrêt de 2005, le requérant est un avocat et avait été condamné par les juridictions de Chypre pour les propos qu'il avait tenus lors d'une audience[117]. La cour ne conteste pas que l'infraction d'outrage s'analyse en une « ingérence » dans l'exercice par l'intéressé de son droit à la liberté d'expression[118]. Si cette ingérence peut être justifiée dans les cas prévus au paragraphe 2 de l'article 10 de la convention, la Cour considère qu'elle ne l'est pas dans le cas d'espèce. La Cour considère que la peine de quatre jours d'emprisonnement infligée à l'avocat est d'une gravité disproportionnée. De ce fait, elle estime que la juridiction chypriote n'a pas ménagé un juste équilibre entre la nécessité de garantir l'autorité du pouvoir judiciaire et celle de protéger

---

[115] Voir Jugement *Jović,* par. 23 reprenant les arrêts de la CEDH *Handyside c. Royaume-Uni*, Requête n° 5493/72, 7 décembre 1976, par. 48 à 50 et *Sunday Times c. Royaume-Uni*, Requête n°6538/74, 26 avril 1979, par. 62.

[116] CEDH, *Sunday Times c. Royaume-Uni*, Requête n°6538/74, 26 avril 1979, par. 54.

[117] CEDH, *Kyprianou c. Chypre*, Requête n° 73797/01, 15 décembre 2005.

[118] CEDH, *Kyprianou c. Chypre*, Requête n° 73797/01, 15 décembre 2005, par. 166.

la liberté d'expression du requérant[119]. Nous verrons plus loin dans l'étude les différentes sanctions appliquées dans les cas d'outrage aux TPI, mais il est déjà intéressant de noter que des peines de prison bien plus lourdes que quatre jours ont déjà été prononcées par les TPI.

D'autres journalistes ont été condamnés pour outrage au tribunal. Le journaliste Dusko Jovanović s'était vu reprocher d'avoir divulgué l'identité d'un témoin protégé intervenant dans le procès Milosević, dans son journal monténégrin DAN. Mais l'acte d'accusation avait été finalement retiré[120] car le journaliste avait accepté de publier dans ce même journal une déclaration reconnaissant sa responsabilité et exprimant des regrets.

Ainsi, les parties au procès et les tiers peuvent être inquiétés en cas de comportements outrageants. Ils peuvent être poursuivis sur la base de différents modes de participation.

Paragraphe 2. Modes de participation

Selon l'article 77 B) des Règlements :

> B) Toute incitation à ou tentative de commettre l'un des actes sanctionnés au paragraphe A) est assimilée à un outrage au Tribunal et est passible de la même peine.

Cet article 77 B) des Règlements des TPI condamne l'incitation et la tentative d'outrage au Tribunal sans pour autant les définir. En conséquence, la jurisprudence a dû se

---

[119] CEDH, *Kyprianou c. Chypre*, Requête n° 73797/01, 15 décembre 2005, par. 182.

[120] *Le Procureur c. Dusko Jovanović,* n° IT-02-54-R77.2, Décision confirmant le retrait de l'acte d'accusation et la clôture de la procédure, 19 avril 2004.

prononcer sur les définitions de l'incitation et de la tentative d'outrage.

Concernant la tentative, la jurisprudence s'est référée à l'article 25 3) f) du Statut de la Cour pénale internationale. Cette référence est particulièrement exceptionnelle puisque, généralement, c'est la jurisprudence de la CPI qui prend appui sur celle des TPI. Mais si la jurisprudence des TPI s'appuie sur cet article, c'est parce qu'il représente la première codification dans le droit international de la notion de tentative. Ainsi, selon l'article 25 3) f) du Statut de Rome :

> 3) Aux termes du présent Statut, une personne est pénalement responsable et peut être punie pour un crime relevant de la compétence de la Cour si :
>
> f) Elle tente de commettre un tel crime par des actes qui, par leur caractère substantiel, constituent un commencement d'exécution mais sans que le crime soit accompli en raison de circonstances indépendantes de sa volonté. Toutefois, la personne qui abandonne l'effort tendant à commettre le crime ou en empêche de quelque autre façon l'achèvement ne peut être punie en vertu du présent Statut pour sa tentative si elle a complètement et volontairement renoncé au dessein criminel.

Cet article définit la tentative en mêlant les définitions qu'en donnent les systèmes de *common law* et les systèmes de droit romano-germanique. Selon cette définition de droit international, trois critères cumulatifs permettent de qualifier la tentative. Un commencement d'exécution caractérisé par des actes tendant largement à consommer le crime, l'intention de commettre un crime, et le fait que la tentative a manqué son effet en raison de circonstances indépendantes de la volonté de son auteur. Cette définition de la tentative est donc reprise par les Chambres des TPI dans le cadre des affaires pour outrage[121].

L'*amicus curiae* chargé des poursuites dans l'affaire *Radoslav Brdanin* a considéré que la tentative d'intimider un témoin ou de faire pression sur lui de toute autre manière était constituée lorsque « le comportement de l'accusé a clairement constitué un commencement d'exécution de l'acte d'intimidation ou de l'exercice d'autres pressions, mais qu'en dépit de ce comportement, l'infraction ne s'est pas concrétisée parce que le témoin n'a pas été effrayé ou n'a pas été soumis à d'autres pressions »[122].

Concernant l'incitation, aucun texte ne prévoit de définition. La jurisprudence est donc contrainte de se reporter aux définitions issues des systèmes nationaux et de la doctrine. Dans l'affaire *Beqa Beqaj*, l'accusation considérait qu' « inciter » signifiait « entraîner, pousser à l'action »[123]. Selon la chambre de première instance du TPIR saisie de l'affaire *Akayesu*[124], l'incitation est définie en *common law* par « le fait d'encourager ou de persuader une autre personne à commettre une infraction ». Toujours selon la Chambre, « une certaine jurisprudence […] prévoit par ailleurs que des menaces ou d'autres formes de pressions peuvent être une forme d'incitation ». Enfin, la Chambre se réfère aux systèmes de *civil law* qui « pénalisent l'incitation directe et publique sous la forme de la provocation, cette dernière étant définie comme l'action visant à directement provoquer autrui à commettre un crime ou un délit […] ». Dans le cadre des

[121] Jugement *Beqaj,* par. 25 ; *The Prosecutor v. Léonidas Nshogoza,* Case No. ICTR-07-91-T, Judgement, 7 juillet 2009, (« Jugement Nshogoza »), par 205.
[122] Jugement *Brdanin,* par. 31.
[123] Jugement *Beqaj,* par. 26.
[124] *Le Procureur c/ Jean-Paul Akayesu*, affaire n° ICTR-96-T, Jugement, 2 septembre 1998, par. 555.

affaires d'outrage, les Chambres reprennent cette définition de l'incitation[125].

Les personnes pouvant faire l'objet de poursuite pour outrage encourent des sanctions plutôt lourdes en cas de condamnation.

Section II – Sanction

Il convient d'étudier dans le cadre des sanctions infligées par les TPI en matière d'outrage, le cadre juridique (paragraphe 1) et les finalités et critères de détermination de la peine (paragraphe 2).

Paragraphe 1. Droit de la peine

Selon l'article 77 G) des Règlements, la peine maximale encourue par une personne condamnée pour outrage aux TPI est de sept ans d'emprisonnement ou 100 000 euros d'amende, ou les deux. L'incitation et la tentative sont punies des mêmes peines. Dans la limite de ce plafond, les juges de la Chambre ont un pouvoir discrétionnaire en ce qui concerne la détermination de la peine[126]. Ces peines sont extrêmement lourdes et ce choix démontre la volonté de dissuader les comportements outrageants.

Les Chambres du TPIY prennent appui sur les articles 24 du Statut du Tribunal et 101 du Règlement dans la détermination de la peine. L'article 24 paragraphe 2 du Statut du TPIY impose à la Chambre de première instance de tenir compte de la gravité de l'infraction et de la situation personnelle du condamné. L'article 101 B) et C) du

---

125 Jugement *Beqaj,* par. 26.
126 Jugement *Petković*, par. 61.

Règlement prévoit également un certain nombre de critères à prendre en compte.

Les articles 46 des Règlements des TPI sont également utilisés par les juges pour éventuellement demander l'application de sanctions disciplinaires pour les Conseils. Les Chambres peuvent, avec l'accord du Président, signaler les manquements à l'Ordre des Avocats du pays où le Conseil est admis à exercer sa profession ou, si l'intéressé est professeur de droit, au Conseil d'administration de l'Université dont il relève. Au titre des sanctions disciplinaires qu'elles peuvent décider, les Chambres peuvent notamment demander au Greffier de rayer l'intéressé de la liste des Conseils du TPI.

La jurisprudence détermine, à partir de ces textes, la finalité de la peine et les critères de détermination.

Paragraphe 2. Finalité et critères de détermination de la peine

La peine est décidée par les juges à partir de critères généraux et à partir de l'analyse des éventuelles circonstances atténuantes et/ou aggravantes.

A. Critères généraux

Les juges prennent en compte les « objectifs poursuivis par l'imposition d'une peine devant le Tribunal »[127]. La jurisprudence entend par là « les fonctions de châtiment et de dissuasion, tant générale que personnelle »[128], sans pour

---

[127] Jugement *Petković*, par. 62.

[128] Jugement *Petković*, par. 62 ; note de bas de page 76 renvoyant à *Le Procureur c/ Zdravko Aleksovski*, affaire n° IT-95-14/1-A, Arrêt, 24 mars 2000, par. 185 et note de bas de page 77 renvoyant à *Le Procureur c.*

autant exagérer leur poids[129]. La jurisprudence a également fait référence à « la nécessité de dissuader les Accusés de récidiver et toute autre personne d'agir de même »[130], affirmant que dans certaines situations, « la Chambre de première instance à l'obligation de prendre toutes les mesures en son pouvoir afin de garantir [...], que [personne] n'agisse de nouveau de la sorte »[131].

Dans le cadre de la détermination de la peine, la jurisprudence prend en compte la situation personnelle de l'accusé (notamment son casier judiciaire, la famille dont il a la charge, sa situation financière...etc) et la gravité de l'outrage[132]. Par exemple, concernant ce deuxième critère, dans le cadre de l'affaire *Petković*, les juges ont considéré que l'infraction était grave, notamment parce que l'accusé avait « parfaitement conscience que son témoignage était particulièrement fondamental dans l'affaire intentée contre Vojislav Šešelj mais il a tout de même décidé de ne pas se soumettre à une ordonnance émise par la Chambre »[133]. La gravité de la divulgation d'information confidentielle semble très importante selon la jurisprudence, puisque celle-ci considère que « tout comportement délibéré qui risque véritablement d'ébranler la confiance placée dans l'aptitude

---

Zeljnil Delalić, Zdravko Mucić (alias « Pavo »), Hazim Delić et Esad Landzo (alias « Zenga »), affaire n° IT96-21-T, Jugement, 16 novembre 1998, par. 1234 ; Jugement *Marijačić*, par. 46.

[129] Jugement *Petković*, par. 62 ; note de bas de page 75 renvoyant à *Le Procureur c. Duško Tadić*, affaire n° IT-94-1-A et IT-94-1-Abis, Arrêt concernant les jugements relatifs à la sentence, 26 janvier 2000, par 48 ; *Le Procureur c. Zeljnil Delalić, Zdravko Mucić (alias « Pavo »), Hazim Delić et Esad Landzo (alias « Zenga »)*, affaire n° IT96-21-A, Arrêt, 20 février 2001, par. 800-801.

[130] Jugement *Jović*, par. 26 ; Jugement *Marijačić*, par. 46 ; Jugement *Margetić*, par. 84.

[131] Jugement *Marijačić*, par. 50 ; Jugement *Jović*, par. 26.

[132] Voir notamment Jugement *Jović*, par. 26.

[133] Jugement *Petković*, par. 63.

du Tribunal à garantir l'efficacité des mesures de protection constitue une entrave sérieuse à l'exercice de la justice. La confiance du public dans l'efficacité de telles mesures est absolument vitale pour le succès de la mission confiée au Tribunal »[134]. La jurisprudence estime que le fait de dévoiler les identités de témoins protégés est également particulièrement grave étant donné les conséquences personnelles et psychologiques pour ces témoins[135].

Enfin, les juges prennent en compte la pratique générale relative à la détermination de la peine. Il s'agit de prendre en compte non seulement les peines prononcées dans des jugements similaires devant les TPI mais également devant les juridictions nationales. Ainsi, dans l'affaire *Ljubiša Petković*, les juges ont relevé que l'article 115 du Code de procédure pénale de la République de Serbie prévoit, dans les situations semblables à celle pour laquelle l'accusé comparait devant la Chambre, une peine maximum de 150 000 dinars puis une seconde amende d'un maximum de 300 000 dinars, ainsi qu'une peine d'emprisonnement maximale d'un mois, durant le temps que cette personne refuse de témoigner ou jusqu'à ce que son témoignage devienne inutile[136].

B. Circonstances aggravantes et atténuantes

Plusieurs circonstances aggravantes ou atténuantes peuvent également être prises en compte par les juges. Le

---

[134] Jugement *Marijačić*, par. 50 ; Jugement *Jović*, par. 26 ; Jugement *Haxhiu*, par. 34, Jugement *Margetić*, par. 87 ; Jugement *Hartmann*, par. 80.

[135] Jugement *Margetić*, par. 86.

[136] Jugement *Petković*, par. 78 ; note de bas de page 93 renvoyant à l'article 115 du Code de procédure pénale de la République de Serbie, Gazette Officielle No. 46/2006, novembre 2006 (entrée en vigueur le 1er juin 2007).

fait, par exemple, de répéter l'infraction est constitutif d'une circonstance aggravante selon la jurisprudence[137]. Ljubiša Petković alléguait qu'il avait refusé de comparaître devant le TPIY car il avait été informé qu'une liste de noms de témoins étaient en circulation à Belgrade et qu'il était possible que lui et sa famille soient en danger. L'Accusé considérait donc que le fait d'avoir coupé toute communication avec l'accusation du TPIY et de ne pas avoir répondu à la citation pour cette raison était une circonstance atténuante. La Chambre considère en l'espèce que, s'il est légitime que l'accusé ait craint pour sa vie et celle de ses proches, cela ne constitue en rien une circonstance atténuante dans la détermination de la peine pour n'avoir pas répondu à la citation[138].

La coopération de l'accusé avec le tribunal peut être constitutif d'une circonstance atténuante, tout comme l'expression d'excuses si la Chambre les estime sincères. Un plaidoyer de culpabilité peut être retenu comme la démonstration de la sincérité des remords[139]. Dans l'affaire *Josip Jović,* la Chambre a considéré que constituait une circonstance aggravante le fait que le témoin protégé dont l'identité avait été révélée par l'accusé, avait lui-même publiquement admis avoir fait une déclaration écrite et déposé comme témoin devant le TPIY. Ainsi cet élément ne permet pas d'exclure l'outrage, puisque seule la Chambre a le pouvoir d'annuler ses ordonnances et que le « renoncement » à la confidentialité de la personne visée par l'ordonnance n'empêche pas l'outrage pour divulgation d'informations confidentielles. C'est en revanche considéré, en l'espèce,

---

[137] Jugement *Petković*, par. 65. C'était la seconde fois que Ljubiša Petković refusait d'exécuter une citation à comparaître.

[138] Jugement *Petković*, par. 68.

[139] *Procureur c/ Zuhdija Tabaković*, affaire n° IT-98-32/1-R77.1, Jugement portant condamnation, 18 mars 2010, (« Jugement *Tabaković* »), par. 14.

comme une circonstance atténuante. Mais dans cette affaire, l'accusé avait été bien plus loin que de révéler l'identité du témoin protégé puisqu'il avait également révélé la teneur des déclarations et dépositions de celui-ci.

Dans la pratique, les sanctions généralement infligées par les TPI pour des infractions prévues à l'article 77 des Règlements sont souvent des peines d'amendes de quelques milliers d'euros ou de faibles peines d'emprisonnement ne dépassant pas quelques mois pour les affaires les plus graves[140]. Il est intéressant de relever que dans l'affaire *Kosta Bulatović*, l'accusé a été condamné à une peine de quatre mois d'emprisonnement assortie d'un sursis de deux ans[141]. Le sursis n'est pas souvent pratiqué par la jurisprudence des TPI et n'est pas prévu par les textes.

L'affaire Florence Hartmann est plus étonnante encore. La journaliste française a définitivement été condamnée par

---

[140] Jugement *Petković*, par. 77. Parmi les peines les plus sévères prononcées pour outrage par les TPI on peut relever le cas de Léonidas Nshogoza, condamné par les juges du TPIR à dix mois d'emprisonnement□ ou encore celui du témoin GAA condamné à neuf mois d'emprisonnement□. Le TPIY a condamné Ljubiša Petkovic à quatre mois d'emprisonnement□, Astrit Haraqija à cinq mois d'emprisonnement, Josip Jović à une amende de 20 000€□ ou encore Domagoj Margetić à quatre mois d'emprisonnement et 10 000 euros d'amende. La peine la plus lourde a été prononcée à l'encontre de Vojislav Šešelj, condamné à quinze mois d'emprisonnement. Mais cette peine particulièrement sévère pour des faits d'outrage au tribunal n'a pas eu, semble-t-il, l'effet dissuasif escompté puisque Vojislav Šešelj fait l'objet de deux nouvelles procédures pour outrage au tribunal. S'il est à nouveau reconnu coupable d'outrage, la peine risque d'être encore plus lourde.

[141] Jugement *Bulatović*, par. 19. L'état de santé de l'accusé rendait, selon les juges, l'exécution d'une peine d'emprisonnement plus pénible pour lui que pour les autres. Les juges ont donc décidé de n'appliquer la peine de quatre mois d'emprisonnement que si l'accusé réitérait les mêmes faits pendant la période de sursis de deux ans.

le TPIY à verser une amende de 7000 euros[142] mais, en l'absence de paiement de cette amende, les juges du TPIY ont transformé la sanction en une peine de sept jours de prison. Cette sanction est particulièrement lourde pour une journaliste déclarée coupable de divulgation d'informations confidentielles.

Outre la question du sens de la peine, celle portant sur la difficulté de l'exécution de cette sanction est également soulevée. En effet, le ministère français des affaires étrangères aurait déclaré ne pas avoir l'intention de coopérer à l'arrestation de Florence Hartmann qui se trouve sur le territoire français. Selon le ministère, *« les textes qui organisent la coopération entre le Tribunal pénal international pour l'ex-Yougoslavie et la France ne s'appliquent qu'aux crimes graves que ce tribunal a pour mission de juger »*. Dès lors le ministère affirme qu'il n'existe *« aucun fondement juridique pour asseoir une éventuelle coopération »*[143]. Il est exact que la loi 95-1 du 2 janvier 1995 portant adaptation de la législation française aux dispositions de la résolution 827 du Conseil de sécurité des Nations Unies instituant un tribunal international en vue de juger les personnes présumées responsables de violations graves du droit international humanitaire commises sur le territoire de l'ex-Yougoslavie depuis 1991 prévoit dans son article 1er que « les dispositions qui suivent sont applicables à toute personne poursuivie des chefs de crimes ou délits définis par la loi française qui constituent, au sens des articles 2 à 5 du statut du tribunal international, des infractions graves aux conventions de Genève du 12 août 1949, des violations

---

142 *Dans la procédure ouverte contre Florence Hartmann*, affaire n°IT-02-54-R77.5-A, Arrêt, 19 juillet 2011.

143 « La France ne remettra pas Florence Hartmann au TPIY » *in* Lemonde.fr avec AFP, 16 novembre 2011, mis à jour le 26 décembre 2011.

des lois ou coutumes de la guerre, un génocide ou des crimes contre l'humanité. » Dès lors, la sanction de l'outrage par le TPI n'oblige pas l'État français à coopérer.

CONCLUSION DE LA PREMIÈRE PARTIE

L'incrimination de l'outrage par les TPI s'est faite malgré les vives critiques autour de la question de la compétence des tribunaux pénaux internationaux. La réponse apportée par les TPI est à présent bien ancrée dans la jurisprudence et dans les esprits, puisqu'à présent l'argument tiré de l'incompétence des TPI n'est plus systématiquement soulevé par la défense. Ce premier élément montre combien l'incrimination de l'outrage est particulière. Ce caractère se confirme après avoir analysé l'étendue des comportements pouvant être mis en cause. Enfin, la sévérité des sanctions et la volonté des TPI de poursuivre les tiers aussi bien que les parties, en cas de comportement outrageant de leur part, sont des éléments qui servent l'idée selon laquelle l'outrage est utilisé pour défendre le bon fonctionnement de la Justice. En revanche, on voit poindre la difficulté dans laquelle les TPI peuvent se trouver lorsqu'un accusé entre en opposition frontale avec eux. Le prononcé de sanctions sévères n'empêche alors pas la réitération des faits, et la multiplication des affaires autour d'un même accusé entraîne des difficultés procédurales conséquentes.

DEUXIÈME PARTIE

DIFFICULTÉS DE LA MISE EN ŒUVRE DE LA PROCÉDURE D'OUTRAGE DEVANT LES TRIBUNAUX PÉNAUX INTERNATIONAUX

Au regard de l'importance du contentieux pour outrage à traiter par le TPIY, une directive pratique définissant la procédure à suivre pour enquêter sur les outrages au tribunal international et en poursuivre les auteurs a été adoptée en 2004 après consultation du Bureau du Greffier, du Bureau du Procureur et de la Chambre d'appel[144]. Cette directive permet d'avoir une vision plus précise de la mise en œuvre de la procédure d'outrage devant les TPI. Étonnamment, le TPIR ne s'est pas doté d'une telle directive. Cela s'explique sans doute par le fait que le contentieux pour outrage est moins important devant ce tribunal et les problématiques que ce contentieux soulève paralysent donc moins le TPIR. Néanmoins, même si nous n'en avons pas les détails, nous pouvons partir de l'idée que la mise en œuvre de la procédure d'outrage du TPIR est semblable à celle du TPIY.

Si cette deuxième partie est consacrée à l'étude de la mise en œuvre de la procédure pour outrage devant les TPI, il ne s'agit pas d'entrer dans les détails de la procédure qui, en de nombreux points, est semblable à celle utilisée pour les autres types d'affaires devant les TPI. L'intérêt sera plutôt de s'attacher à soulever les points de procédure particuliers applicables à l'outrage et, notamment, les difficultés

[144] Directive pratique définissant la procédure à suivre pour enquêter sur les outrages au tribunal international et en poursuivre les auteurs, IT/227, 6 mai 2004, (« Directive pratique sur les outrages »).

rencontrées *dans* la mise en œuvre de la procédure d'outrage et *par* sa mise en œuvre. Cette analyse doit se faire au regard de l'enjeu d'une condamnation pour outrage. Ces éléments seront étudiés dans le cadre de la phase préliminaire au procès pour outrage (Chapitre 1er) et de la phase décisoire de la procédure pour outrage (Chapitre 2).

Chapitre 1er

Phase préliminaire au procès pour outrage

La phase préliminaire débute souvent – mais pas obligatoirement – par une enquête que l'on peut également appeler la phase d'instruction. Si celle-ci aboutit à convaincre la Chambre à engager des poursuites, un acte d'accusation est alors établi. Nous étudierons dans ce chapitre les acteurs de l'enquête sur les allégations d'outrage (Section I) et les difficultés que peuvent entraîner une mise en accusation pour outrage (Section II).

Section I – Les acteurs de l'enquête sur les allégations d'outrage

Une enquête n'est pas toujours nécessaire. C'est le cas, par exemple, lorsqu'on reproche à un individu d'avoir violé une ordonnance de la Chambre en divulguant dans un livre ou un article des informations confidentielles. Ce genre de fait, facilement vérifiable, ne nécessite pas la mise en œuvre d'une instruction poussée. Dans les hypothèses où une enquête est nécessaire pour vérifier les allégations d'outrage, c'est la Chambre de première instance (paragraphe 1) qui demandera soit au Procureur (paragraphe 2), soit à un *amicus curiae* (paragraphe 3) d'instruire l'affaire.

Paragraphe 1. La Chambre de première instance

La Chambre de première instance joue un rôle essentiel lors de la procédure pour outrage dans son ensemble et lors de la phase d'instruction particulièrement. En effet, que l'outrage se soit déroulé *in facie* et même, plus étonnamment, *ex facie*, la procédure pour outrage va prendre naissance dans un procès déjà en cours devant une Chambre de première instance[145]. Ainsi, la Chambre est, dès le début de l'affaire, impliquée dans celle-ci. C'est une particularité essentielle de la procédure pour outrage.

Une requête aux fins d'informer sur des allégations d'outrage doit être impérativement adressée à une Chambre avant l'ouverture d'une enquête[146]. Cela signifie qu'une Chambre ne peut pas s'autosaisir lorsqu'elle considère que des éléments sont susceptibles de démontrer l'existence d'un outrage. La requête doit être adressée par écrit[147], *ex parte* et à titre confidentiel à la Chambre[148], elle doit contenir toutes les informations disponibles permettant d'établir les allégations d'outrage[149]. Une fois déposée, la requête ne pourra être modifiée qu'avec l'autorisation de la Chambre.

L'article 77 C) des Règlements prévoit la procédure à suivre dans l'hypothèse où la Chambre de première instance « a des motifs de croire qu'une personne s'est rendue coupable d'outrage au Tribunal ». L'existence de ces motifs conditionne le déclenchement de l'enquête préliminaire. Quels sont ces motifs ? En quoi consistent-ils ? La directive pratique définissant la procédure à suivre pour enquêter sur les outrages au tribunal international et en poursuivre les auteurs fait référence aux « raisons de croire qu'une personne s'est rendue coupable d'outrage au tribunal »[150] plutôt que les « motifs de croire ». La Chambre de première instance III, saisie de l'affaire *Vojislav Šešelj*, a utilisé l'expression

---

[145] Il peut parfois s'agir d'une instance en cours devant la Chambre d'appel. Ainsi c'est cette dernière qui aura à connaître de l'outrage. Cette situation a posé des difficultés que nous étudierons dans la section II du Chapitre 2 de la présente partie.
[146] Directive pratique sur les outrages, par. 4.
[147] Directive pratique sur les outrages, par. 6.
[148] Directive pratique sur les outrages, par. 5.
[149] Directive pratique sur les outrages, par. 6.
[150] Directive pratique sur les outrages , par. 7.

« motifs suffisants *prima facie* »[151] pour justifier la mise en œuvre d'une enquête préliminaire. L'analyse, à ce stade, des allégations d'outrage, doit donc être succincte et doit simplement permettre de conclure si un homme raisonnable pourrait penser que ces allégations sont crédibles et qu'elles méritent une enquête plus approfondie.

Si la Chambre de première instance considère qu'il existe des motifs de croire que l'individu, dont il est question dans la requête aux fins d'informer, s'est rendu coupable d'outrage au Tribunal, trois solutions s'offrent à elle en vertu de l'article 77 C) des Règlements des TPI. Elle peut 1) demander au Procureur d'instruire l'affaire en vue de préparer et de soumettre un acte d'accusation pour outrage ; 2) considérer que le Procureur a un conflit d'intérêts pour ce qui est du comportement en cause et donc enjoindre au Greffier de désigner un *amicus curiae* qui instruira l'affaire et indiquera à la Chambre s'il existe des motifs suffisants pour engager une procédure pour outrage ; ou 3) engager une procédure elle-même. Le Procureur peut donc également être un acteur important de la phase d'enquête.

Paragraphe 2. Le Procureur

Le Procureur est, par défaut, chargé de l'enquête par la Chambre de première instance. Il doit instruire l'affaire afin de préparer puis soumettre un acte d'accusation à la Chambre. Mais il peut être dessaisi de cette fonction dans deux hypothèses. La première est prévue par l'article 77 C) du Règlement. Il s'agit du cas où la Chambre estime qu'il existe un conflit d'intérêts pour ce qui est du comportement

[151] *Procureur c/ Vojislav Šešelj*, affaire n° IT-03-67-T, Version expurgée de la « décision en reconsidération de la décision du 15 mai 2007 sur la requête pour outrage de Vojislav Šešelj contre Carla Del Ponte, Hildegard Uertz-Retzlaff et Daniel Saxion », 29 juin 2010, par. 30.

en cause. La seconde hypothèse est celle où le Procureur, lui-même, pourtant saisi par la Chambre, apporte la preuve qu'il y a un conflit d'intérêts. Il doit alors présenter une déclaration écrite, présentant les faits à l'origine de ce conflit d'intérêts. Là encore, la communication est transmise *ex parte* et à titre confidentiel à la Chambre[152]. L'hypothèse, entrainant l'existence d'un conflit d'intérêt, la plus simple à envisager, est celle où le comportement mis en cause est celui du Procureur ou d'un membre du Bureau du Procureur. Dans le cas de Florence Hartmann, qui était un ancien membre du Bureau du Procureur, la Chambre de première instance avait décidé qu'il existait un conflit d'intérêt.

Dans cette hypothèse, où le Procureur est, d'office ou à son initiative, écarté de l'instruction, la Chambre enjoint au Greffier de désigner un *amicus curiae* qui sera chargé de l'enquête. L'ordonnance de la Chambre, confidentielle et *ex parte*, précise toutes les informations nécessaires pour l'efficacité de l'enquête de l'*amicus curiae* ainsi que ses obligations[153].

Paragraphe 3. L'*amicus curiae*[154]

L'*amicus curiae*, ami de la cour, est une personne extérieure au procès et même, souvent, extérieure au tribunal. Cette pratique est issue de celle des systèmes de *common law* mais s'est également répandue dans notre droit français, au moins devant les juridictions civiles. Le recours à l'*amicus curiae* est très courant devant les TPI. L'article 74 des

---

[152] Directive pratique sur les outrages, par. 7.
[153] Directive pratique sur les outrages, par. 8.
[154] Pour une approche plus générale du rôle de l'*amicus curiae* devant les juridictions internationales voir notamment : Hervé Ascensio, « L'*amicus curiae* devant les juridictions internationales », *Revue générale de droit international public*, vol. CV, 2001, pp. 897-930.

Règlements des TPI prévoit le recours aux *amici curiae* « dans l'intérêt d'une bonne administration de la justice » :

> Une Chambre peut, si elle le juge souhaitable dans l'intérêt d'une bonne administration de la justice, inviter ou autoriser tout Etat, toute organisation ou toute personne à faire un exposé sur toute question qu'elle juge utile.

Mais le recours aux *amici curiae* s'est développé même en dehors du cadre de cet article 74. C'est notamment le cas, comme nous venons de le voir, dans le cadre des enquêtes pour outrage. Il est utilisé, dans cette hypothèse, pour surmonter un obstacle procédural. En effet, l'organisation des TPI se partage en trois organes : le Greffe, le Procureur et la Chambre. Et, dans cette organisation, c'est le Bureau du Procureur qui a en charge de mener l'instruction. Si le Procureur ne peut pas enquêter sur les allégations d'outrage, en raison d'un conflit d'intérêt, il est donc nécessaire de trouver une autre personne à qui confier l'enquête préliminaire.

Qui sont les *amici curiae* ? Comme le précise l'article 74, il peut s'agir d'un État, d'une organisation ou d'une personne. Dans le cadre des enquêtes pour outrage, il s'agira plus certainement d'une personne. La difficulté essentielle est de garantir l'objectivité et donc l'indépendance de l'*amicus curiae*. Marie-Luce Pavia écrit que « pour respecter l'esprit de cette institution, qui est originale et exceptionnelle, il convient que cette personne n'ait pas d'intérêt propre à l'affaire, ce qui la distingue du témoin, de l'expert et naturellement de la partie. Ainsi, l'*amicus curiae*, sur la demande du juge, intervient en raison de sa compétence, dans l'optique de la recherche de la solution du litige »[155].

Le Greffier est enjoint par la Chambre à choisir l'*amicus curiae*. Il consulte la Chambre sur le choix du candidat mais prend la décision finale[156]. Ainsi, le Greffe devra choisir le candidat en fonction de ses compétences et de son indépendance par rapport à l'enquête demandée. Cependant, si la Chambre ne choisit pas l'ami de la cour, elle peut néanmoins fortement influencer le Greffier en posant des conditions très strictes. Par exemple, dans le cadre des allégations d'outrage contre des individus du Bureau du Procureur, les juges de la Chambre de première instance III saisis de l'affaire *Vojislav Šešelj* demandent au Greffier de désigner un *amicus curiae* « devant impérativement avoir une expérience en matière d'enquête telle que celle d'un juge d'instruction ou d'un magistrat exerçant des fonctions similaires, maitrisant le français dans la mesure du possible et ayant une bonne connaissance de la situation en ex-Yougoslavie »[157].

Il est possible, si des faits susceptibles d'affecter le cours de l'enquête apparaissent durant les investigations, de prendre des mesures et notamment la révocation de l'*amicus*

---

[155] Marie-Luce Pavia, « Juristes sans Frontières : 'amicus curiae' du Tribunal pénal international pour l'ex-Yougoslavie », in Juriste Sans Frontières, *Le Tribunal pénal international de La Haye – Le droit à l'épreuve de la 'purification ethnique'*, L'Harmattan, coll. Logiques juridiques, 2000, p. 241.

[156] Directive pratique sur les outrages, par. 9.

[157] *Procureur c/ Vojislav Šešelj*, affaire n° IT-03-67-T, Version expurgée de la « décision en reconsidération de la décision du 15 mai 2007 sur la requête pour outrage de Vojislav Šešelj contre Carla Del Ponte, Hildegard Uertz-Retzlaff et Daniel Saxion », 29 juin 2010, dispositif.

curiae chargé de l'enquête et/ou la désignation d'un nouvel ou deuxième *amicus curiae*[158].

A l'origine, l'ami de la cour est une institution envisagée comme un support technique à la juridiction qui y fait appel. Mais dans le cadre des enquêtes pour outrage, l'ami de la cour a réellement un pouvoir et un poids très importants puisque c'est lui qui rend un rapport d'enquête à la Chambre lui permettant de décider s'il y a lieu de lancer les poursuites pour outrage. Si c'est le cas, un acte d'accusation sera rédigé. La mise en accusation d'un individu pour outrage entraîne un certain nombre de difficultés.

Section II – Difficultés liées à la mise en accusation pour outrage

Dans d'anciennes versions de l'article 77 du Règlement du TPIY[159], il était prévu qu'une Chambre de première instance pouvait engager *proprio motu* une procédure pour outrage contre un individu, et le citer à comparaître pour répondre aux accusations portées contre lui. Or, cette situation a posé des difficultés en ce qu'elle entraînait de moins bonnes garanties pour l'accusé que ce qui est prévu dans les autres types de poursuites. Le risque avait été soulevé par la Chambre d'appel qui se prononçait dans le cadre de l'affaire *Nobilo*. La Chambre d'appel avait considéré qu'il y avait un risque « qu'une Chambre, à la fois Procureur et Juge dans les affaires d'outrage, ignore les procédures ordinaires et les garanties dont bénéficient les parties »[160]. En l'espèce, l'accusé n'avait pas eu connaissance des

---

158 Directive pratique sur les outrages, par. 11.

159 Le terme a été introduit pour la première fois dans la version de l'article 77 du Règlement de procédure et de preuve du Tribunal pénal international pour l'ex-Yougoslavie, IT/32/Rev. 14, 17 décembre 1998.

160 Arrêt *Nobilo*, par. 56.

accusations portées contre lui. Une révision en décembre 2001 de l'article a été opérée pour remédier à cette lacune procédurale[161].

À présent, éventuellement à l'issue de l'enquête sur les allégations d'outrage, l'article 77 D) des Règlements prévoit que, dans le cas où la Chambre, devant laquelle l'outrage aurait été commis, estime qu'il existe « des motifs suffisants » pour engager des poursuites ; elle demande, soit au Procureur, soit à l'*amicus curiae,* d'engager une procédure. C'est donc celui qui a été chargé de l'enquête qui sera ensuite enjoint par la Chambre d'engager les poursuites[162]. La Chambre peut également décider de rendre une ordonnance qui tiendra lieu d'acte d'accusation.

Notons que selon la formulation de l'article 77, la Chambre de première instance *peut* engager des poursuites. Le verbe « pouvoir » est utilisé, et non celui de « devoir ». Il est donc possible de faire découler de cette formulation particulière un principe d'opportunité des poursuites dans le cadre de l'outrage. Cette interprétation n'a pas fait l'objet d'analyses jurisprudentielles, mais elle découle logiquement de l'acceptation en droit pénal international du principe d'opportunité des poursuites[163]. Habituellement détenu par le Procureur c'est, dans le cas très particulier de l'outrage, la Chambre qui en fera application.

Plusieurs questions et difficultés sont soulevées à ce stade de la procédure. La première est de savoir pourquoi la

---

[161] Règlement de procédure et de preuve du Tribunal pénal international pour l'ex-Yougoslavie, IT/32/Rev. 22, 28 décembre 2001.

[162] Directive pratique sur les outrages, par. 14.

[163] Article 18(1) du Statut du TPIY et Article 17(1) du Statut du TPIR, *in fine* : « [Le Procureur] évalue les renseignements reçus ou obtenus et se prononce sur l'opportunité ou non d'engager les poursuites. »

Chambre opterait plutôt pour des poursuites pour outrage que pour des poursuites pour abus de procédure dans les cas où les deux sont applicables (paragraphe 1). Nous verrons également les difficultés qui résident dans le choix de la Chambre de première instance qui aura à juger l'affaire pour outrage (paragraphe 2) et enfin, nous étudierons les conséquences d'une mise en accusation pour outrage sur l'affaire au principal (paragraphe 3).

Paragraphe 1. L'articulation entre l'outrage et l'abus de procédure

Étudions d'abord ce qu'est l'abus de procédure afin de comprendre comment le choix de cette procédure peut constituer une stratégie alternative à l'outrage.

A. La théorie de l'abus de procédure

La théorie de l'abus de procédure est une notion jurisprudentielle. L'arrêt de principe en la matière est celui de la Chambre d'appel du TPIR du 3 novembre 1999 concernant l'affaire *Barayagwiza*[164]. Cet arrêt, par lequel les juges décidaient l'abandon des poursuites et donc la remise en liberté de l'accusé, avait quasiment créé une crise diplomatique. Une révision est donc intervenue le 31 mars 2000[165]. Le TPIY a, à son tour, repris la théorie de l'abus de procédure dans l'affaire *Nikolić*[166]. La CPI s'est, depuis, également emparée de cette théorie, pour la première fois

164 *Le procureur c. Jean-Bosco Barayagwiza,* affaire n° ICTR-97-19-AR72, Arrêt, 3 novembre 1999.

165 *Le procureur c. Jean-Bosco Barayagwiza*, affaire n° ICTR-97-19-AR72, Arrêt (Demande du Procureur en révision ou réexamen), 31 mars 2000.

166 *Le Procureur c. Dragan Nikolić,* affaire n° IT-94-2-AR73, Décision relative à l'appel interlocutoire concernant la légalité de l'arrestation, 5 juin 2003.

dans une décision d'appel du 14 décembre 2006, dans le cadre de l'affaire *Lubanga*[167].

Le concept de l'abus de procédure a été puisé dans le système de la *common law* où il a acquis le statut de doctrine. La Chambre des Lords définit la théorie de l'abus de procédure en ces termes : « Le juge a le pouvoir discrétionnaire de surseoir à la procédure non seulement lorsqu'il s'avère impossible de tenir un procès équitable, mais aussi lorsque la tenue d'un procès serait contraire à l'intérêt qui découle pour la société de la sauvegarde du système national de justice pénale »[168]. La théorie de l'abus de procédure, telle qu'elle existe en *common law*, ne s'applique pas dans les systèmes de tradition romano-germanique.

Les TPI ont dû constater qu'aucune application de la théorie de l'abus de procédure n'avait été prévue en tant que telle dans leurs statuts. Cependant, la jurisprudence a considéré que, dans la mesure où la théorie de l'abus de procédure vise à empêcher les atteintes aux principes fondamentaux de la justice, elle est cautionnée par le Statut qui la considère comme un moyen de protéger l'individu contre les violations de ses droits fondamentaux et de garantir un procès équitable et rapide. L'abus de procédure résulte de l'usage irrégulier d'une procédure qui, elle, est régulièrement établie. Elle se distingue en cela de la « procédure injustifiée ». Ainsi, selon cette règle de l'abus de procédure, les juges peuvent décider de mettre fin à des poursuites qui

---

[167] *Le Procureur c. Thomas Lubanga Dyilo,* affaire n° ICC-01/04-01/06-772-tFR., Arrêt relatif à l'appel interjeté par Thomas Lubanga Dyilo contre la décision du 3 octobre 2006 relative à l'exception d'incompétence de la Cour soulevée par la Défense en vertu de l'article 19-2-a du Statut, 14 décembre 2006.

[168] *Le procureur c. Jean-Bosco Barayagwiza*, affaire n° ICTR-97-19-AR72, Arrêt, 3 novembre 1999, par. 74 ; note de bas de page 189 : R. Latif: R. Shahzad, 1 All ER 353 (House of Lords 1996).

avaient néanmoins été légalement engagées suite à l'émission d'un acte d'accusation en bonne et due forme, si la preuve est apportée que ces poursuites sont entachées d'illégalité du fait des méthodes utilisées pour les diligenter[169]. Selon la jurisprudence, la mise en œuvre de l'abus de procédure résulte d'un pouvoir entièrement discrétionnaire des juges. Ceux ci peuvent décider d'en refuser l'application s'ils considèrent que cela pourrait être préjudiciable à l'intégrité du tribunal[170].

B. L'abus de procédure : une stratégie alternative à l'outrage

Les deux procédures sont semblables en ce qu'elles découlent toutes deux d'un pouvoir inhérent des juridictions pénales internationales. En outre, elles ont toutes deux pour objectif de sanctionner les manquements et les comportements qui entravent le cours de la justice. Enfin, elles sont toutes deux utilisées afin d'assurer une bonne administration de la justice et pouvoir prétendre à la mise en œuvre d'une justice pénale internationale irréprochable.

Ces similitudes relevées, on peut s'étonner de n'avoir pas de jurisprudence sur la question de savoir quelle procédure favoriser en cas de concurrence entre les deux. En effet, certains comportements pourraient être poursuivis dans le cadre des deux procédures. C'est le cas, par exemple, de l'hypothèse où le Procureur (ou des membres du Bureau du Procureur) est accusé d'exercer des pressions sur certains témoins. Ce comportement peut constituer à la fois un abus de procédure et un outrage au tribunal. Quelle procédure

---

169 *Le procureur c. Jean-Bosco Barayagwiza, Arrêt*, 3 novembre 1999, n° ICTR-97-19-AR72, par. 74.

170 *Le procureur c. Jean-Bosco Baraygawiza, Arrêt*, 3 novembre 1999, n° ICTR-97-19-AR72, par. 74.

faudrait-il alors choisir ? La question ne s'est jamais posée devant les TPI et reste donc un cas d'école. Le choix n'est pas nécessairement obligatoire puisque l'on peut imaginer une mise en accusation sous les deux chefs d'outrage et d'abus de procédure. Mais il pourrait être intéressant pour l'une ou l'autre des parties au procès de préférer l'abus de procédure ou l'outrage.

La différence essentielle repose sur les conséquences de l'outrage et de l'abus de procédure. Comme nous l'avons précédemment exposé, l'outrage est sanctionné par une amende ou une peine d'emprisonnement. Les conséquences de l'abus de procédure peuvent être plus importantes. En effet, dans l'affaire *Barayagwiza*, la Chambre d'appel avait dans un premier temps opté pour la remise en liberté définitive de l'accusé, avec arrêt définitif des poursuites. Lors de la révision de cette décision, la Chambre d'appel opte finalement pour une sanction beaucoup moins radicale puisqu'elle décide que Barayagwiza aura droit à une réparation financière s'il est jugé non-coupable et que sa sentence sera réduite s'il est jugé coupable au terme du procès.

Depuis, le TPIY a donné une interprétation très limitative du champ des conséquences de l'abus de procédure. La Chambre d'appel du TPIY a en effet considéré que ce n'était que dans des cas exceptionnels que la juridiction saisie devait se déclarer incompétente. La Chambre d'appel souhaite maintenir un juste équilibre entre les droits fondamentaux de l'accusé et l'intérêt primordial de la communauté internationale qui s'attache à la poursuite de personnes présumées responsables de violations graves du droit international humanitaire[171]. La Cour pénale internationale a depuis retenu une solution semblable[172].

Un choix stratégique pourrait donc être opéré entre une procédure d'outrage et une procédure pour *abuse of process,* basé sur les conséquences de celles-ci. Il sera également pris en compte le caractère exceptionnel du recours à l'abus de procédure.

La deuxième difficulté que l'on peut rencontrer à ce stade de la procédure est plus technique que stratégique. Il s'agit de la question de la compétence de la Chambre de première instance pour juger de l'outrage.

Paragraphe 2. Compétence de la Chambre de première instance pour juger de l'outrage

La question de l'indépendance et de l'impartialité de la Chambre ayant connaissance de l'affaire d'outrage a fait l'objet de difficultés. En effet, l'outrage est un délit unique en son genre car il se déroule dans le cadre d'un procès déjà en cours et qu'en conséquence une Chambre de première instance intervient nécessairement dès le départ.

L'outrage est, en principe, jugé par la Chambre devant laquelle il aurait été commis. L'article 13 de la directive pratique définissant la procédure à suivre pour enquêter sur les outrages au tribunal international et en poursuivre les

[171] *Le Procureur c. Dragan Nikolić,* affaire n° IT-94-2-AR73, Décision relative à l'appel interlocutoire concernant la légalité de l'arrestation, 5 juin 2003, par. 30.
[172] *Le Procureur c. Thomas Lubanga Dyilo,* affaire n° ICC-01/04-01/06-772-tFR., Arrêt relatif à l'appel interjeté par Thomas Lubanga Dyilo contre la décision du 3 octobre 2006 relative à l'exception d'incompétence de la Cour soulevée par la Défense en vertu de l'article 19-2-a du Statut, 14 décembre 2006, par. 30.

auteurs, qui énonce ce principe, reconnaît néanmoins que la Chambre peut se dessaisir au profit d'une autre dans certaines circonstances.

Selon la jurisprudence des TPI, « un juge n'est pas impartial si l'existence d'un parti pris réel est démontrée »[173]. En outre, une apparence de partialité inacceptable existe « 1) si un juge est partie à l'affaire, s'il a un intérêt financier ou patrimonial dans son issue ou si sa décision peut promouvoir une cause dans laquelle il est engagé aux côtés de l'une des parties. Dans ces circonstances, le juge est automatiquement récusé de l'affaire ; 2) si les circonstances suscitent chez un observateur raisonnable et dûment informé une crainte légitime de partialité »[174]. Cette dernière condition a été précisée. La Chambre d'appel considère qu'un « observateur raisonnable était une personne bien informée, au courant de toutes les circonstances pertinentes, y compris des traditions d'intégrité et d'impartialité judiciaires, et consciente aussi du fait que l'impartialité est l'une des obligations que les juges ont fait le serment de respecter »[175]. Rappelons en effet que

---

[173] Voir par exemple *The Prosecutor v. Milan Lukić and Sredoje Lukić*, case No IT-98-32/1-T, Decision on Motion for Disqualification, 12 janvier 2009, par. 2.

[174] *The Prosecutor v. Milan Lukić and Sredoje Lukić*, case No IT-98-32/1-T, Decision on Motion for Disqualification, 12 janvier 2009, par. 2. Voir aussi *Le Procureur c/ Vidoje Blagojević*, affaire n° IT-02-60-R, Décision relative à la demande de dessaisissement de juges, 2 juillet 2008, par. 2 ; *Le Procureur c/ Vojislav Šešelj*, affaire n° IT-03-67-PT, Décision relative à la demande de dessaisissement des juges Alphons Orie, Patrick Robinson et Frank Höpfel, 16 février 2007, par. 4 ; *Le Procureur c/ Furundžija*, affaire n° IT-95-17/1-A, Arrêt, 21 juillet 2000, par. 189.

[175] *The Prosecutor v. Milan Lukić and Sredoje Lukić*, case No IT-98-32/1-T, Decision on Motion for Disqualification, 12 janvier 2009, par. 2. Voir aussi *Le Procureur c/ Vidoje Blagojević*, affaire n° IT-02-60-R, Décision relative à la demande de dessaisissement de juges, 2 juillet 2008, par. 2 ; *Le Procureur c/ Vojislav Šešelj*, affaire n° IT-03-67-PT, Décision relative à la demande de dessaisissement des juges Alphons Orie, Patrick

les juges des TPI prêtent serment à leur entrée en fonction. Par exemple, les juges du TPIR prêtent le serment suivant[176] :

> Je déclare solennellement que je remplirai mes devoirs et exercerai mes attributions de juge du Tribunal pénal international chargé de juger les personnes présumées responsables d'actes de génocide ou d'autres violations graves du droit international humanitaire commis sur le territoire du Rwanda et les citoyens rwandais présumés responsables de tels actes ou violations commis sur le territoire d'Etats voisins entre le 1er janvier et le 31 décembre 1994 en tout honneur et dévouement, en pleine et parfaite impartialité et en toute conscience[177].

Enfin, la Chambre d'appel des TPI considère qu'il existe une « présomption d'impartialité »[178] pesant sur les juges. C'est donc à la partie demandant le dessaisissement du juge de prouver sa partialité. Le niveau de preuve requis par la jurisprudence est élevé. Cette exigence s'explique par l'objectif d'une bonne administration de la justice, qui impose nécessairement d'empêcher la mise à l'écart trop récurrente des juges. Mais dans le cadre d'une justice pénale internationale qui se veut exemplaire, il semble important que le moindre soupçon d'impartialité fasse *a minima* l'objet

---

Robinson et Frank Höpfel, 16 février 2007, par. 5 ; *Le Procureur c/ Furundžija*, affaire n° IT-95-17/1-A, Arrêt, 21 juillet 2000, par. 190.

176 Celui des juges du TPIY est semblable sauf bien sûr concernant le type de poursuites. Voir l'article 14 A) du Règlement du TPIY.

177 Article 14 A) du Règlement du TPIR.

178 *The Prosecutor v. Milan Lukić and Sredoje Lukić*, case No IT-98-32/1-T, Decision on Motion for Disqualification, 12 janvier 2009, par. 3. Voir aussi *Le Procureur c/ Vidoje Blagojević*, affaire n° IT-02-60-R, Décision relative à la demande de dessaisissement de juges, 2 juillet 2008, par. 3 ; *Le Procureur c/ Vojislav Šešelj*, affaire n° IT-03-67-PT, Décision relative à la demande de dessaisissement des juges Alphons Orie, Patrick Robinson et Frank Höpfel, 16 février 2007, par. 5 ; *Le Procureur c/ Furundžija*, affaire n° IT-95-17/1-A, Arrêt, 21 juillet 2000, par. 196.

d'un sérieux examen et entraîne, éventuellement, le dessaisissement du juge.

Dans le cadre de l'affaire *Hartmann*, la défense avait déposé une requête aux fins d'obtenir la récusation de deux juges de la Chambre et du juriste hors classe chargé de l'affaire d'outrage[179]. L'ouverture du procès avait dès lors été reportée *sine die* jusqu'à ce qu'il soit statué sur cette requête. Le Président du TPIY avait réuni une formation spéciale de trois juges afin qu'ils se penchent sur deux questions : la première était de savoir si les dispositions de l'article 77 du Règlement sont contraires au Statut du Tribunal et/ou aux normes généralement reconnues du droit international coutumier en matière de droits fondamentaux ; et la seconde était de savoir si, dans la négative, en l'espèce, la Chambre de première instance a violé le principe d'impartialité posé par ces dispositions et normes.

Le collège se réfère notamment à l'article 21 2) du Statut, selon lequel « [t]oute personne contre laquelle des accusations sont portées a droit à ce que sa cause soit entendue équitablement et publiquement, sous réserve des dispositions de l'article 22 du Statut » et précise que le droit de l'accusé à un procès équitable suppose le droit à être jugé par un tribunal indépendant et impartial[180]. Les trois juges concluent que même si la chambre de jugement est souvent

---

179 *In the Case of Florence Hartmann,* case No IT-02-54-R77.5, Defence Motion for Disqualification of Two Members of the Trial Chamber and of Senior Legal Officer in Charge of the Case, version confidentielle déposée le 3 février 2009 et version publique déposée le 6 février 2009.

180 *Dans la procédure ouverte contre Florence Hartmann,* affaire n° IT-02-54-R77.5, Rapport concernant la décision relative à la demande de récusation visant deux juges de la Chambre de première instance et le juriste hors classe chargé de l'affaire présentée par la Défense, version confidentielle déposée le 25 mars 2009 et version publique déposée le 27 mars 2009, (« Rapport *Hartmann* sur la demande de récusation ») par. 36.

impliquée dans les poursuites pour outrage en vertu du Règlement et de la Directive pratique qui lui donnent le pouvoir soit de les initier, soit de désigner la personne chargée de mener l'enquête ; l'article 77 du Règlement est néanmoins compatible avec les principes d'indépendance et d'impartialité de la justice[181].

En revanche, sur la deuxième question qui était posée au collège, les juges admettent qu'en l'espèce l'affaire aurait dû être renvoyée devant une autre Chambre[182]. La défense de Florence Hartmann alléguait un parti pris réel de la part de la Chambre spécialement désignée, notamment en raison de l'étendue des interventions de celle-ci dans le déroulement de l'enquête et dans l'exercice des poursuites[183]. En vertu du caractère très spécial de l'outrage, les trois juges considèrent que le « caractère exceptionnel » dont il est question à l'article 13 de la Directive pratique doit être entendu très largement[184]. Les juges considèrent finalement qu'en l'espèce, étant donné que « l'outrage aurait été commis en dehors du prétoire et où les Juges de la Chambre spécialement désignée n'avaient aucune connaissance préalable des faits en cause, leur intervention concrète pour déterminer le cours de l'enquête et en fixer les paramètres, au-delà d'instructions générales, génériques ou purement administratives rendent les circonstances de l'espèce 'exceptionnelles' au sens du paragraphe 13 de la Directive pratique »[185].

[181] Rapport *Hartmann* sur la demande de récusation, par. 38-39. Le Juge Flügge étant en désaccord.
[182] Rapport *Hartmann* sur la demande de récusation, par. 53.
[183] Rapport *Hartmann* sur la demande de récusation, par. 42.
[184] Rapport *Hartmann* sur la demande de récusation, par. 50.
[185] Rapport *Hartmann* sur la demande de récusation, par. 53.

Le raisonnement des juges est basé sur leur interprétation de l'article 13 de la Directive pratique selon laquelle l'impartialité de la Chambre n'est qu'un exemple de « circonstances exceptionnelles » justifiant son dessaisissement. Ils peuvent donc conclure que la Chambre n'est pas en l'espèce impartiale, mais que d'autres éléments sont constitutifs de circonstances exceptionnelles. Mais si l'on prend la version française du texte, cette interprétation est erronée. En effet, les versions anglaise et française de l'article 13 de la Directive pratique n'entraînent pas la même interprétation.

Selon la version anglaise :

> Upon completion of the investigation of an alleged contempt of the International Tribunal pursuant to Rule 77 (C)(i) or (ii) of the Rules, and where sufficient grounds have been determined by a Chamber in order to proceed against a person for contempt, the Chamber in which the contempt allegedly occurred shall adjudicate the matter unless there are exceptional circumstances such as cases in which the impartiality of a Chamber may be called into question, warranting the assignment of the case to another Chamber.

Et selon la version française :

> À l'issue de l'enquête sur les allégations d'outrage au Tribunal international prévue à l'article 77 C) i) ou ii) du Règlement, la Chambre devant laquelle l'outrage aurait été commis, si elle estime qu'il existe des motifs suffisants pour engager des poursuites, se prononce sur l'affaire, à moins qu'il n'existe des circonstances exceptionnelles qui

mettent en cause son impartialité et justifient son dessaisissement au profit d'une autre Chambre.

Ainsi, dans la version anglaise, l'impartialité de la Chambre n'est qu'un exemple qui suppose que d'autres circonstances exceptionnelles sont admises, alors que, dans la version française, les circonstances exceptionnelles à prendre en compte mettent nécessairement en cause l'impartialité de la Chambre. On peut légitimement penser que si un juge francophone avait été désigné dans le panel des trois juges, la solution aurait été différente puisqu'il aurait fallu soit conclure à la partialité de la Chambre pour demander son dessaisissement, soit conclure à son impartialité et donc rejeter la requête de la défense.

Si dans l'affaire *Hartmann* la défense contestait le fait que la Chambre ne se soit pas dessaisie, il est des cas – plus rare - où la défense conteste le fait que la Chambre se soit dessaisie[186].

Enfin, une mise en accusation pour outrage peut entraîner des conséquences plutôt désastreuses sur l'affaire principale.

Paragraphe 3. Les conséquences d'une mise en accusation pour outrage sur l'affaire au principal

Les affaires d'outrage prennent place dans le cadre d'une autre affaire. C'est d'ailleurs cette caractéristique qui complique nécessairement la procédure, nous avons déjà eu l'occasion de le voir. Que devient cette première affaire

[186] *The Prosecutor v. Vojislav Šešelj, Chamber convened by order of the President*, case No IT-03-67-R77.3, Decision on Motion by Professor Vojislav Šešelj for the Disqualification of Judges O-Gon Kwon and Kevin Parker, 19 novembre 2010, par. 39.

lorsqu'une mise en accusation pour outrage d'un des protagonistes est décidée ? Tout dépend évidemment du type d'outrage dont il est question. La situation la plus problématique est celle où les allégations portent sur des menaces, pressions ou intimidations sur les témoins. Comment entendre un témoin dans le cadre d'un procès, alors que l'on sait que celui-ci est peut-être victime de pressions ? Dans cette situation, les juges ont pendant longtemps été contraint de suspendre le procès principal. Un nouvel article a finalement été ajouté au Règlement du TPIY pour tenter d'apporter une solution.

A. La suspension du procès principal

La réaction la plus courante des Chambres de première instance lorsque des allégations de pressions sur les témoins sont faites, et qu'un procès pour outrage s'est ouvert, a été de suspendre le procès principal. Ce fût le cas dans l'affaire *Simić* où l'accusé et son conseil étaient accusés d'avoir harcelé, intimidé et tenté de soudoyer un témoin dans le but de le déterminer à déposer en faveur de l'accusé. Face à cette situation, la Chambre de première instance avait rendu, lors de l'audience du 9 juin 1999, une ordonnance annulant la date prévue pour l'ouverture des débats et suspendant l'ensemble du procès sur le fond, jusqu'à nouvel ordre[187]. Cette décision semble assez radicale étant donné que les allégations ne concernaient qu'un seul témoin et qu'il peut sembler possible de continuer le procès si un seul témoin fait défaut. La décision de suspendre le procès principal doit être particulièrement réfléchie car elle est lourde de conséquence.

---

[187] *Le Procureur c/ Blagoje Simić, Milan Simić, Miroslav Tadić, Stevan Todorović, Simo Zarić,* affaire n° IT-95-9-R77, Jugement relatif aux allégations d'outrage formulées à l'encontre d'un accusé et de son conseil, 30 juin 2000, (« Jugement *Simić* »), par. 4.

En effet, le droit d'un accusé à être jugé dans un délai raisonnable est une composante essentielle du procès équitable. Il s'agit également d'une obligation pesant sur les juridictions internationales puisque les Statuts des TPI prévoient cette exigence de célérité[188]. Ce droit au délai raisonnable se justifie par trois raisons d'être. La première est de protéger l'accusé. Une procédure rapide permet en effet au prévenu de ne pas rester trop longtemps dans l'incertitude de l'accusation existant à son encontre[189]. Il s'agit également de protéger sa dignité (la réputation et l'honneur du prévenu peuvent être atteints par une accusation en matière pénale) et sa santé. La mise en accusation peut également avoir des conséquences sur sa vie familiale, sociale et économique[190]. La deuxième raison d'être de ce droit réside dans le ressenti de la victime. Pour se sentir considérée par la Justice, la victime a besoin que le procès se tienne dans un délai raisonnable. De plus, la victime doit pouvoir obtenir réparation du dommage causé par l'infraction dans un délai raisonnable. Enfin, la troisième et dernière raison d'être du droit au délai raisonnable est objective. Il s'agit de l'effectivité de la Justice internationale[191]. Une justice lente

---

[188] L'obligation de mener un procès rapide et le droit de l'accusé à être jugé sans retard excessif sont prévus aux article 20 (1) et 21 (4) c) du Statut du TPIY et 19 (1) et 20 (4) c) du Statut du TPIR.

[189] CEDH, *Wemhoff c. Allemagne*, Requête n° 2122/64, 27 juin 1968, par. 17 : la CEDH précise concernant l'article 6§1 « cette disposition a plus précisément pour objet, en matière pénale, d'obtenir que les accusés ne demeurent pas pendant un trop long temps sous le coup d'une accusation et qu'il soit décidé sur son bien-fondé »

[190] Opinion dissidente du Juge Zkia sous CEDH, *Neumeister c. Autriche,* Requête n° 1936/63, 27 juin 1968, pp. 47-48, spéc. p. 48

[191] En 1918, le premier président près la Cour de cassation belge, le Vicomte Paul Van Iseghem, avait déjà rappelé que « la Justice, pour être pleinement juste, ne doit pas trop se faire attendre » *in* Vicomte Paul Van Iseghem, Discours prononcé à l'audience solennelle de rentrée de la Cour de cassation le 25 novembre 1918, p. 6

équivaut à un déni de justice prohibé[192]. Une justice rapide vise également à empêcher que l'auteur de l'infraction ne se sente impuni. Une justice qui n'est pas rendue dans les meilleurs délais est une justice qui ne répond pas à de nombreux impératifs, notamment celui de sécurité juridique. En effet, l'écoulement du temps peut entraîner la perte de crédibilité des témoins ou encore la perte de certaines preuves. L'augmentation des frais de justice est également une conséquence néfaste d'une procédure trop longue. Plus généralement, la célérité de la Justice reflète sa bonne administration alors qu'une trop grande lenteur la rend inefficace et lui fait perdre sa crédibilité[193]. La CEDH est allée encore plus loin, en énonçant que le principe fondamental de la célérité de la Justice est essentiel pour l'Etat de droit[194].

Le respect de ce droit fondamental d'être jugé dans un délai raisonnable doit donc être pris en considération au moment de la décision de suspension d'audience. D'autant qu'il ne faut pas non plus oublier que l'individu accusé d'outrage au tribunal est présumé innocent[195] et que les allégations peuvent se révéler fausses. C'était le cas dans le cadre de l'affaire *Simić*. Le procès principal n'avait repris que le 10 septembre 2001, soit plus de deux ans de suspension. Entre temps, une décision de relaxe de Milan Simić et de son conseil avait été prononcée[196].

---

[192] Mission Magendie, Célérité et qualité de la justice, Rapport au Garde des Sceaux, 15 juin 2004, p. 94.

[193] CEDH, *Moreira de Azevedo c. Portugal*, Requête n°11296/84, 23 octobre 1990, par. 74 et CEDH *H. c. France*, Requête n°10073/82, 24 octobre 1989, par. 74.

[194] CEDH, *Di Mauro c. Italie*, Requête n° 34256/96, 28 juillet 1999, par. 23.

[195] Article 21 3) du Statut du TPIY et article 20 3) du Statut du TPIR.

[196] Jugement *Simić*, dispositif.

Malgré la nécessité de juger l'accusé dans un délai raisonnable, et après avoir dans un premier temps rejeté une requête en ce sens, la Chambre de première instance en charge de l'affaire *Vojislav Šešelj* a finalement considéré, à la majorité, que son « obligation de préserver l'intégrité et l'équité de la procédure »[197] devait en l'espèce prévaloir vu les « circonstances exceptionnelles ». La situation était ici différente de l'affaire *Simić* puisque les allégations de pressions de la part de l'accusé et de ses collaborateurs concernaient une dizaine de témoins. Le nombre de témoins en question étant si important, la Chambre a considéré, qu'il n'était pas concevable de ne pas les entendre. Le juge Antonetti a formé une opinion dissidente à cette décision. Il considérait que cette suspension du procès était une solution « infondée et inadaptée » en ce qu'elle allait prolonger encore la durée de la détention provisoire de l'accusé[198], que la priorité devait être donnée au procès principal, et qu'il était possible d'entendre les témoins concernés en les confrontant à leurs déclarations initiales faites auprès du Procureur avant que les témoins n'aient reçus des menaces.

Environ dix mois plus tard, le procès pour outrage de Vojislav Šešelj n'avait pas débuté et la Chambre de première instance décidait d'annuler la suspension d'audience en raison de ce long délai qui s'était écoulé. La solution qui fut retenue était celle qui avait déjà été proposée par le juge Antonetti dans son opinion dissidente puisqu'il a été choisi d'appeler à témoigner la dizaine de témoins concernée par la requête en outrage en tant que témoins de la

---

[197] *Le Procureur c/ Vojislav Šešelj,* affaire n° IT-03-67-T, Décision relative à la requête de l'accusation aux fins d'ajournement avec en annexe l'opinion dissidente du Juge Antonetti, 11 février 2009, p. 2.

[198] Rappelons qu'à cette époque Vojislav Šešelj était déjà en détention provisoire depuis 6 ans.

Chambre[199]. À ce moment-là, la Chambre de première instance n'avait pas à sa disposition la solution adoptée par le TPIY un mois plus tard.

B. L'article 92 *quinquies* du Règlement du TPIY

Envahi de procédures pour outrage, le TPIY a mentionné ces poursuites comme l'une des causes du retard pris dans l'achèvement de ses travaux. Ainsi, un groupe de travail a été constitué en 2009 afin de réfléchir aux moyens d'accélérer l'examen de ce type de poursuites[200]. Ce travail a débouché sur l'adoption par les juges du TPIY réunis en assemblée plénière le 10 décembre 2009 de l'article 92 *quinquies* du Règlement du TPIY.

Nous l'avons vu, une des difficultés des procédures pour outrage est le retard considérable pris dans l'affaire au principal en raison des suspensions d'audience. C'est donc pour lutter contre ces procédures trop longues que les juges ont adopté ce texte. L'article 92 *quinquies* permet l'admission au dossier des déclarations écrites ou des comptes rendus de dépositions faites dans d'autres affaires lorsque le témoin a fait l'objet de pressions. Cet article fait suite aux articles 92 *bis* à 92 *quater* qui prévoient l'admission de ce type de pièces sous certaines conditions et notamment l'article 92 *quater* qui autorise cette admission si le témoin est « non-disponible ».

---

[199] *Le Procureur c/ Vojislav Šešelj,* affaire n° IT-03-67-T, Version publique de la « Décision consolidée relative à l'imposition d'un conseil, l'ajournement, et la requête de l'accusation sur les heures supplémentaires avec en annexe l'opinion individuelle du Juge Antonetti, Président de la Chambre », 24 novembre 2009, dispositif.

[200] Seizième rapport annuel du TPIY, Doc. N.U. A/64/205 et S/2009/394, 31 juillet 2009, par. 7.

Plusieurs conditions cumulatives doivent être remplies pour pouvoir appliquer l'article 92 *quinquies* rédigé ainsi :

> A) La Chambre de première instance peut admettre tout élément de preuve présenté sous la forme d'une déclaration écrite ou d'un compte rendu de déposition faite dans une autre affaire portée devant le Tribunal si elle est convaincue que les conditions suivantes sont réunies :
>
> i) le témoin n'a pas comparu ou, bien qu'ayant comparu, n'a pas déposé ou n'a pas abordé certains points importants ;
>
> ii) la non-comparution du témoin ou l'absence de déposition résulte concrètement de pressions indues, notamment sous forme de menaces, d'intimidation, de voies de fait, de subornation ou de coercition ;
>
> iii) le cas échéant, des mesures raisonnables ont été prises en conformité avec les articles 54 et 75 afin que le témoin comparaisse ou, s'il comparait, qu'il témoigne librement sur tous les faits importants dont il a connaissance ;
>
> iv) l'intérêt de la justice le commande.
>
> B) Pour les besoins du paragraphe A) :
>
> i) les pressions indues peuvent notamment concerner l'intégrité physique, les biens ou les intérêts — financiers ou autres — du témoin ou d'autrui ;
>
> ii) l'intérêt de la justice s'apprécie, entre autres, au regard des facteurs suivants :
>
> a) la fiabilité de la déclaration ou du compte rendu de déposition au regard des conditions entourant le recueil de la déclaration ou du témoignage ;

b) le rôle apparemment joué par une partie à l'instance, ou par quiconque agissant pour le compte de cette partie, dans les pressions indues ;

c) le fait que la déclaration ou le compte rendu de déposition tend à prouver les actes et le comportement de l'accusé mis en cause dans l'acte d'accusation.

iii) tout élément de preuve admis au titre du paragraphe A) peut notamment tendre à prouver les actes et le comportement de l'accusé mis en cause dans l'acte d'accusation.

C) La Chambre de première instance peut, pour l'application du présent article, tenir compte de tout élément de preuve pertinent, notamment écrit.

Aucune décision publique n'a été rendue à ce jour en vertu de ce nouvel article 92 *quinquies* du Règlement. Ceci s'explique notamment par une difficulté procédurale. En effet, le problème important est de savoir si l'ont peu appliquer l'article *92 quinquies* à des procédures qui ont débuté avant son adoption. L'article 92 *quinquies* peut-il s'appliquer rétroactivement ? Le juge Antonetti affirme qu'il avait lui-même soulevé le souci de la rétroactivité de l'article 92 *quinquies* lors de son adoption par l'assemblée plénière[201]. Comme nous l'avons vu, l'application de l'article pourrait effectivement être intéressante dans le cadre du procès engagé contre Vojislav Šešelj, présidé par le juge Antonetti.

Nous avons déjà étudié la question de la rétroactivité d'un article du Règlement de procédure et de preuve. Mais il s'agissait de l'article 77 et la solution apportée par la jurisprudence reposait sur le caractère inhérent de la

[201] Audience du 19 janvier 2010, affaire n°IT-03-67-T, C.R en Français, p. 15061.

compétence du tribunal pour juger l'outrage. L'application de l'article 77 n'était donc pas considérée comme rétroactive puisque, l'incrimination de l'outrage par les TPI leur était inhérente et ne dépendait donc pas du moment de son inscription au Règlement. Cet argument n'est pas valable dans le cas de l'article 92 *quinquies*. Il faut alors se rapporter à l'article 6 D) du Règlement du TPIY selon lequel « [l]es modifications [du Règlement de procédure et de preuve] entrent en vigueur sept jours après leur publication sous forme de document officiel du Tribunal contenant les modifications, sans préjudice des droits de l'accusé, d'une personne déclarée coupable ou d'une personne acquittée dans les affaires en instance ». Il s'agit donc de savoir si l'application de l'article 92 *quinquies*, dans le cadre d'une procédure engagée antérieurement à l'adoption de l'article, porterait préjudice aux droits de l'accusé. Cette question n'a, pour le moment, pas été tranchée par la jurisprudence.

Enfin, une autre question apparaît concernant l'application de cet article. Le texte ne précise pas si l'admission des déclarations antérieures du témoin est conditionnée à une condamnation pour outrage faisant état de pressions ou intimidations sur celui-ci. On imagine difficilement qu'une Chambre puisse décider le versement au dossier des déclarations antérieures du témoin en raison de pression indue sur celui-ci, si aucune condamnation pour outrage n'est intervenue. Cela entraînerait une violation de la présomption d'innocence de la part de la Chambre ou une sorte de pré-jugement pour outrage. Le texte ne fait néanmoins pas explicitement état d'une condition en ce sens et laisse en conséquence la possibilité ouverte.

Conclusion

La phase préalable au procès pour outrage est une phase propice aux critiques en ce qu'elle est moins visible que la phase décisoire, notamment par le fait que les décisions sont souvent confidentielles et parfois même *ex parte*. Dès lors, il revient à l'ensemble des acteurs de la phase préliminaire au procès pour outrage et plus encore, à la Chambre de première instance, de mettre en place une procédure irréprochable, en répondant à de nouvelles problématiques dues à la spécificité de l'incrimination d'outrage. Si un certain nombre de difficultés ont été résolues, certaines réponses manquent encore à ce jour.

Chapitre 2

Phase décisoire de la procédure d'outrage

On entend par phase décisoire, le jugement de première instance et l'appel. Aucune révision d'un jugement pour outrage n'ayant eu lieu, nous n'en ferons pas l'étude ici. La mise en œuvre du procès pour outrage a rencontré d'importantes complications (Section I). Le procès pour outrage a également été l'occasion de révéler certaines difficultés procédurales, notamment relatives à l'admissibilité des preuves (Section II).

Section I – Difficultés de mise en œuvre du procès pour outrage

Le déroulement du procès pour outrage en première instance est semblable à celui des autres types de procès que les TPI ont à connaitre. Il se caractérise néanmoins par une exigence de rapidité encore plus accrue (paragraphe 1) et par des difficultés relatives à l'appel des décisions de première instance (paragraphe 2).

Paragraphe 1. Exigence de rapidité du procès

Nous l'avons vu, l'ensemble des procédures en cours devant les TPI fait l'objet d'une attention toute particulière du Conseil de sécurité des Nations Unies au regard de la stratégie d'achèvement du travail des TPI. L'outrage a été signalé comme un frein à cette stratégie d'achèvement. Il est, dès lors, particulièrement nécessaire que le procès pour outrage soit mené rapidement à terme. Ceci est d'autant plus vrai lorsque plusieurs affaires pour outrage sont simultanément en cours pour un même accusé.

Cette nécessité est globalement respectée. Le procès pour outrage se caractérise par sa très grande rapidité, par rapport aux autres procédures qui peuvent se dérouler sur des années devant les TPI. À partir de l'ouverture des débats, le procès prend généralement fin au bout de quelques mois, voire quelques jours. Nous parlons bien ici du procès en lui-même, car rappelons que si une enquête préliminaire est diligentée, celle-ci peut nécessiter beaucoup plus de temps.

Cette rapidité s'explique – le plus souvent – par la faible complexité de ce genre d'affaire. Les parties ont donc généralement peu de témoins à présenter (souvent deux ou trois témoins sont présentés par l'accusation et aucun par la défense). Cette rapidité s'explique également par la volonté des juges de rendre un jugement rapide. Comme nous l'avons vu, le procès pour outrage peut créer un blocage de l'affaire au principal et pour cette raison, les juges ayant à connaître de la procédure pour outrage vont vouloir juger l'affaire le plus rapidement. Néanmoins, rapidité ne doit pas signifier précipitation et, lorsque la complexité de l'affaire le commande, les juges savent aussi prendre le temps nécessaire à sa bonne résolution.

Le droit au délai raisonnable vaut également pour les procès pour outrage. En effet, la CEDH avait considéré que les mesures ordonnées par un tribunal afin de sanctionner l'outrage au tribunal, n'entrent pas dans le champ d'application de l'article 6 de la Convention européenne des droits de l'homme car elles s'apparentent à l'exercice de pouvoirs disciplinaires[202]. Mais la Cour avait précisé que la nature et la sévérité de la peine peuvent rendre l'article 6 applicable à une condamnation pour outrage lorsque celle-ci

---

[202] *Ravnsborg c. Suède*, Requête n°14220/88, 23 mars 1994, par. 34 ; *Putz c. Autriche*, Requête n° 57/1994/504/586, 22 février 1996, par. 33-37.

est classée par le droit interne parmi les condamnations pénales[203].

Si le procès de première instance se termine rapidement, il sera néanmoins toujours possible que la procédure continue par un appel de la décision de première instance.

Paragraphe 2. L'appel de la décision de première instance

Le droit de faire appel a fait l'objet de discussions dans le cadre des premières affaires pour outrage. Ce fût également le cas concernant les conditions d'appel.

A. Le droit de faire appel

Le droit de faire appel avait été refusé aux accusés des tribunaux de Nuremberg et Tokyo. Aujourd'hui reconnu comme un droit de l'homme fondamental dans le cadre de la justice pénale, la question s'est néanmoins posée lors de l'affaire *Vujin.* Milan Vujin, conseil de Dusko Tadić, était accusé d'outrage au tribunal pour le fait d'avoir persuadé certains témoins de mentir en faveur de son client. L'affaire a été jugée par la Chambre d'appel le 31 janvier 2000. Milan Vujin a été condamné à une amende de 15 000 florins et la Chambre a « invité le Greffier du tribunal à envisager de rayer le défendeur de la liste des conseils commis d'office »[204].

---

[203] *Kyprianou c/ Chypre*, Requête n°73797/01, 15 décembre 2005, par. 61-64.

[204] Arrêt *Vujin* de première instance, dispositif.

À l'époque, l'article 77 J) du Règlement du TPIY était rédigé ainsi[205] :

> J) Toute décision rendue par une Chambre de première instance en vertu du présent article est susceptible d'appel si trois juges de la Chambre d'appel l'autorisent au vu de motifs valables. Les demandes d'autorisation d'interjeter appel sont déposées dans les sept jours suivant la décision contestée. Lorsque cette décision est rendue oralement, la requête doit être déposée dans les sept jours suivant ladite décision, à moins que :
>
> i) la partie attaquant la décision n'ait pas été présente ou représentée lors du prononcé de la décision, auquel cas le délai court à compter du jour où la partie reçoit notification de la décision orale qu'elle entend attaquer ou
>
> ii) la Chambre de première instance n'ait indiqué qu'une décision écrite suivrait, auquel cas le délai court à compter du dépôt de la décision écrite.

Ainsi, l'accusé Milan Vujin a déposé une demande d'autorisation d'interjeter appel et un collège de trois juges a été désigné par le président du tribunal afin d'y répondre. La difficulté principale résidait dans le fait que c'était la Chambre d'appel qui avait rendu la décision dont l'autorisation d'appel était demandée. Pour contourner cette difficulté, les trois juges ont considéré que l'arrêt avait été rendu par « la Chambre d'appel statuant en premier ressort »[206] et ont autorisé l'appel. La Chambre d'appel fut donc saisie de l'appel d'une de ses précédentes décisions. Cette procédure, plutôt incohérente, dû être justifiée de manière un petit peu plus poussée. La Chambre d'appel

---

[205] Règlement de procédure et de preuve du Tribunal pénal international pour l'ex-Yougoslavie, IT/32/Rev. 15, 25 février 1999.

[206] *Le Procureur c/ Duško Tadić*, affaire n°IT-94-1-A-AR77, Décision relative à la demande d'interjeter appel, 25 octobre 2000, p. 3.

reconnut que l'article 77 du Règlement ne prévoyait pas expressément le droit d'appel d'une condamnation pour outrage prononcée par la Chambre d'appel[207]. Mais elle fonda ce droit de faire appel sur l'article 14 du Pacte international relatif aux droits civils et politiques selon lequel « [t]oute personne déclarée coupable d'une infraction a le droit de faire examiner par une juridiction supérieure la déclaration de culpabilité et la condamnation, conformément à la loi ». Selon la Chambre d'appel, cette norme impérative de droit international contraint le Tribunal[208]. Et, tout en regrettant que l'outrage n'ait pas été renvoyé initialement devant une Chambre de première instance, la Chambre d'appel conclut, à la majorité, qu'il est nécessaire de recevoir cet appel afin de garantir et de protéger les droits de l'accusé[209].

La juge Wald forma une opinion individuelle et dissidente à cette décision. La juge refuse d'admettre que la Chambre d'appel soit compétente pour connaître d'un recours formé contre l'un de ses propres arrêts. Elle considère que ni le Règlement, ni le Statut, ne permettent de connaître de cet appel, et refuse que « cette omission fatale » soit corrigée en déclarant que l'arrêt a été rendu « par la Chambre d'appel statuant en premier ressort »[210]. Par ailleurs, la juge considère qu'il n'est pas possible de fonder la compétence de la Chambre d'appel, en l'espèce, sur l'article 14 du Pacte international relatif aux droits civils et politiques pour plusieurs raisons, et notamment celle selon laquelle l'article vise les personnes déclarées coupables d'« infractions » et que, selon la juge, l'outrage est une infraction *sui generis*.

---

[207] Arrêt *Vujin*, p. 3.
[208] Arrêt *Vujin*, p. 3.
[209] Arrêt *Vujin*, p. 4.
[210] Arrêt *Vujin*, Opinion individuelle et dissidente du Juge Wald concernant la déclaration de compétence, p. 3.

Cette caractéristique se retrouve, selon la juge, dans le fait, par exemple, que « de nombreuses garanties procédurales prévues dans le cas d'autres infractions pénales, ne s'appliquent pas à l'outrage »[211]. Selon la juge Wald, une modification du Statut ou du Règlement serait le seul moyen pour que la Chambre d'appel puisse trancher les affaires pour outrage en premier ressort et en appel. Mais, d'après elle, cette solution n'est pas la bonne.

On comprend que les juges aient choisi d'examiner l'appel de Milan Vujin car ne pas le faire aurait été une atteinte profonde au droit de l'accusé. Mais il est vrai que pour ce faire, les juges ont dû élargir leur compétence au mépris du Statut et du Règlement du tribunal.

L'opinion individuelle et dissidente de la Juge Wald, pourtant si convaincante[212], n'a pas empêché que les juges adoptent lors de la 26ème session plénière tenue les 11 et 12 juillet 2002, une nouvelle version de l'article 77 du Règlement du TPIY comprenant un alinéa K) qui permet à une personne déclarée coupable d'outrage au Tribunal par la Chambre d'appel statuant en premier ressort d'interjeter appel de cette déclaration de culpabilité.

Devant le TPIR, le même problème s'était posé dans l'affaire *Rutaganda* et là encore une opinion dissidente, du juge Shahabuddeen cette fois, était annexée à l'arrêt qui acceptait de recevoir l'appel d'une décision pour outrage de la Chambre d'appel[213]. Pourtant, la même modification de

---

[211] Arrêt *Vujin*, Opinion individuelle et dissidente du Juge Wald concernant la déclaration de compétence, p. 4.

[212] John R.W.D. Jones et Steven Powles, *International Criminal Practice*, Transnational Publishers, 3rd edition, 2003, p. 332, par. 4.2.629.

[213] *Le Procureur c/ Nderubumwe Rutaganda,* affaire n° ICTR-96-3-A, Arrêt, 26 mai 2003.

l'article 77 du Règlement fut adoptée par les juges du TPIR le 27 mai 2003.

Le droit de faire appel d'une décision pour outrage, même lorsque celle-ci a été rendue par la Chambre d'appel, ne pose dès lors aujourd'hui plus guère de difficultés. Qu'en est-il des conditions pour faire appel ?

B. Les conditions d'appel

Dans l'ancienne version de l'article 77 des Règlements, précédemment exposée, les trois juges qui examinaient la demande en autorisation d'appel, devaient étudier si celle-ci présentait des « motifs valables ». La condition à remplir pour pouvoir faire appel d'une décision pour outrage était donc l'existence de ces « motifs valables ». La jurisprudence a dû se pencher sur la question de savoir ce qui était englobé par cette expression.

Toujours, dans le cadre de l'affaire *Vujin*, le collège de trois juges, désigné pour examiner la demande, a considéré que cette expression devait être rapprochée de celle de « motifs convaincants » utilisée à l'article 72 du Règlement[214] dans la mesure où « ces deux textes poursuivent les mêmes objectifs – à savoir faire en sorte que les appels manifestement infondés ne soient pas examinés par la Chambre d'appel réunie au grand complet »[215]. Et, selon la jurisprudence, ces « motifs convaincants » devaient être

---

[214] Là encore, il s'agit du texte de la version du 25 février 1999 du Règlement selon lequel les décisions relatives aux exceptions préjudicielles ne pouvaient faire l'objet d'un appel interlocutoire que si, notamment, « trois juges de la Chambre d'appel accordent l'autorisation d'interjeter appel, après que la partie requérante a présenté des motifs convaincants ».

[215] *Le Procureur c/ Duško Tadić*, affaire n° IT-94-1-A-AR77, Décision relative à la demande d'interjeter appel, 25 octobre 2000, p. 4.

entendu comme notamment des « éléments laissant supposer que la Chambre de première instance ait tranché à tort »[216].

La version actuelle de l'article 77 du Règlement ne fait plus référence à ces « motifs valables » et la jurisprudence se base à présent sur l'article 25 du Statut qui prévoit que ne sont recevables que les appels formés pour des erreurs de droit qui invalident la décision ou des erreurs de fait qui ont entrainé une erreur judiciaire. C'est donc à présent ces critères qui sont utilisés pour l'examen des appels formés contre les jugements pour outrage[217].

Si la mise en œuvre du procès pour outrage a entrainé les difficultés procédurales que nous venons d'étudier, elle a également mis en lumière des difficultés plus générales, dont la résolution est bénéfique à l'ensemble des affaires qu'ont à connaître les TPI.

Section II – Difficultés d'admissibilité des preuves lors du procès pour outrage

La difficulté de réunir des preuves est un problème commun aux affaires des TPI. Leur admissibilité lors du procès en est également un. Les affaires pour outrage ont été l'occasion de faire surgir d'importantes solutions juridiques, notamment concernant l'exigence de corroboration et la légalité des preuves.

Paragraphe 1. L'exigence de corroboration

La question du droit de la preuve s'est posée dans le cadre de l'affaire *Haraqija et Morina.* Il s'agissait, pour la

216 *Le Procureur c/ Duško Tadić*, affaire n° IT-94-1-A-AR77, Décision relative à la demande d'interjeter appel, 25 octobre 2000, p. 4.
217 Arrêt *Marijačić,* par.15.

Chambre de première instance, de savoir si les éléments de preuve, présentés dans le cadre de cette affaire, devaient être corroborés. La difficulté qui se posait était que, selon la défense d'Astrit Haraqija, tous les éléments de preuve présentés par le Bureau du Procureur provenaient de différentes déclarations faites par son coaccusé, Bajrush Morina. Or, Bajrush Morina n'ayant pas déposé lors du procès, la défense d'Astrit Haraqija n'avait pu mener de contre-interrogatoire comme cela est la pratique devant les TPI. Ainsi, selon la défense d'Astrit Haraqija, les juges de la Chambre de première instance ne pouvaient se fonder « exclusivement ou dans une large mesure » sur ces preuves qui devaient être corroborées par d'autres éléments de preuve[218]. Deux questions fondamentales se posaient alors pour la Chambre. La première était de savoir si les éléments de preuve en question devaient bien être corroborés par d'autres. Et la seconde était de savoir quelles conditions doivent remplir les éléments de preuve corroborants.

Concernant la nécessité de corroborer les preuves, la Chambre de première instance se réfère à la jurisprudence de la CEDH[219] qui dégage le principe selon lequel « le fait de prononcer une déclaration de culpabilité en se fondant exclusivement ou de manière décisive sur les déclarations d'un témoin que l'accusé n'a pas eu la possibilité d'interroger ou de faire interroger pendant l'enquête ou au procès constitue une violation inacceptable du droit de l'accusé à un procès équitable »[220]. La Chambre de première instance

---

218 Jugement *Haraqija,* par. 21-22.

219 La Chambre d'appel du TPIY avait déjà confirmé le principe dégagé par la CEDH sur cette question : *Le Procureur c/ Prlić et consorts*, affaire n° IT-04-74-AR73.6, Décision relative aux appels interjetés contre la décision d'admission de la transcription de l'audition de l'interrogatoire de Jadranko Prlić, 23 novembre 2007, par. 51.

220 Jugement *Haraqija,* par. 23 ; voir note de bas de page 41 pour les références à la jurisprudence de la CEDH.

rappelle que la CEDH a particulièrement visé la situation dans laquelle un accusé ne peut réfuter les déclarations à charge de ses coaccusés[221]. En vertu de cette jurisprudence, la Chambre de première instance conclut à la nécessité de corroborer les éléments de preuve non vérifiés.

La seconde question qui découlait de la conclusion à la première était alors de savoir quelles conditions devaient remplir les éléments de preuve corroborants. La Chambre de première instance a, sur cette question, fait un important travail de recherche et d'analyse. En effet, la jurisprudence des TPI n'abordait pas vraiment cette question et n'était, dès lors, pas d'un très grand secours. La Chambre de première instance a alors décidé d'examiner les solutions apportées à cette question par différents systèmes de droit interne, tout en rappelant néanmoins que la Chambre n'est pas liée par ces règles[222]. Ainsi, la Chambre a analysé les solutions adoptées en Angleterre, en Écosse, en Australie, aux Etats-Unis, au Canada et en Italie. De cette analyse, a pu être dégagé deux groupes. D'un coté, les pays où les juridictions exigent que l'élément de preuve provienne d'une source différente et indépendante afin d'être utilisé comme élément corroborant[223], et de l'autre, les pays privilégiant une analyse

---

[221] Jugement *Haraqija,* par. 23 ; la note de bas de page 43 renvoie à l'affaire CEDH, *Lucà c. Italie*, Requête n°33354/96, 27 février 2001, par. 41 où la CEDH affirme que « la circonstance que pareilles dépositions proviennent d'un coïnculpé, comme dans le cas d'espèce, et non d'un témoin n'est pas pertinente […] Ainsi, dès lors qu'une déposition, qu'elle soit faite par un témoin *stricto sensu* ou par un coinculpé, est susceptible de fonder, d'une manière substantielle, la condamnation du prévenu, elle constitue un témoignage à charge et les garanties prévues par l'article 6§1 et 3 d) de la Convention lui sont applicables. »

[222] Jugement *Haraqija,* par. 27.

[223] C'est notamment le cas de l'Australie dont la Chambre de première instance du TPIY reprend la solution adoptée dans l'affaire *Doney v. The Queen* (1990) 171 CLR 207, p. 211 selon laquelle « De par sa nature même, un élément de preuve corroborant 'confirme', 'appuie' ou

moins technique selon laquelle pour être corroborant, l'élément de preuve doit permettre d'établir un lien entre l'accusé et le crime, sans forcément provenir d'une source différente[224].

Face à ces deux solutions distinctes dans les systèmes nationaux, la Chambre de première instance se réfère à son « obligation d'appliquer les règles d'administration de la preuve propres à parvenir, dans l'esprit du Statut et des principes généraux du droit, à un règlement équitable de la cause » découlant de l'article 89 B) du Règlement[225]. En conclusion, et prenant en compte l'ensemble de ces éléments, la Chambre de première instance décide que « pour qu'un élément de preuve vienne corroborer un élément de preuve non vérifié, il doit non seulement donner fortement à penser que celui-ci est véridique, c'est-à-dire renforcer sa valeur probante, mais également être obtenu de manière indépendante. [...] Les éléments de preuve corroborants peuvent être des éléments de preuve qui, bien qu'ils

---

'renforce' d'autres éléments de preuve dans le sens où il 'les rend plus probables'. [...] Pour ce faire, il doit établir ou tendre à établir un lien entre l'accusé et l'infraction qui lui est reprochée dans le sens où, s'agissant de corroborer les propos d'un complice, il établit ou tend à établir que le complice dit vrai lorsqu'il affirme que l'accusé a commis le crime, que non seulement le crime a été commis mais que c'est l'accusé qui l'a commis ».

224 C'est notamment le cas de l'Angleterre dont la Chambre de première instance du TPIY reprend la solution adoptée dans l'affaire *Director of Public Prosecutions v. Kilbourne* [1973] A.C. 729, p. 750 selon laquelle « La notion de corroboration n'a rien de technique. Dans la vie de tous les jours, lorsque quelqu'un doute de la véracité de ce qu'il a entendu, il cherche tout naturellement à savoir si ces propos cadrent avec d'autres ou avec les circonstances s'y rapportant ; plus les propos sont cohérents, plus il est enclin à les croire. Ce sont les autres propos ou les circonstances qui corroborent, dans une large mesure ou dans une moindre mesure, les propos mis en doute ».

225 Jugement *Haraqija,* par. 41.

proviennent de la même source, ont été obtenus dans des circonstances différentes, à des moments différents et à des fins différentes »[226]. Ce système permet, selon la Chambre de première instance, de ne pas porter atteinte aux droits de l'accusé. Les problèmes juridiques concernant l'administration des preuves dans l'affaire *Haraqija et Morina* n'étaient pas terminés.

Paragraphe 2. La légalité des preuves

En appel, l'affaire *Haraqija et Morina* a de nouveau posé un problème de droit de la preuve. La difficulté résidait ici dans la légalité des preuves. Les défenses des accusés alléguaient une violation du droit interne et de leur droit à la vie privée en raison de l'utilisation par la Chambre de première instance d'enregistrements audio et vidéo de certaines communications personnelles à titre d'éléments de preuve. La Chambre d'appel rejette l'argument. Elle relève que, contrairement aux arguments de la défense, la CEDH n'interdit pas de façon absolue le recours à ce genre de preuve. En effet, la CEDH considère que les preuves obtenues illégalement ne sont pas en soit incompatibles avec les exigences d'un procès équitable. Selon la CEDH, la Cour « n'a […] pas à se prononcer, par principe, sur l'admissibilité de certaines sortes d'éléments de preuve, par exemple des éléments obtenus de manière illégale au regard du droit interne, ou encore sur la culpabilité du requérant » mais « doit examiner si la procédure, y compris la manière dont les éléments de preuve ont été recueillis, a été équitable dans son ensemble.[227] »

---

[226] Jugement *Haraqija*, par. 41.

[227] CEDH, Bykov c. Russie, Grande Chambre, Requête n° 4378/02, 10 mars 2009, par. 89.

La Chambre d'appel refuse néanmoins de se prononcer sur la légalité de ces captations audio et vidéo. Elle conclut que, même dans l'hypothèse où le droit interne aurait été violé en l'espèce, cela ne rendrait pas pour autant irrecevables les enregistrements devant le tribunal pénal international[228]. Selon la Chambre de première instance les enregistrements sont recevables selon les règles édictées par le Règlement de procédure et de preuve et notamment l'article 89 et l'article 95 qui exclut seulement l'élément de preuve « obtenu par des moyens qui entament fortement sa fiabilité ou si son admission, allant à l'encontre d'une bonne administration de la justice, lui porterait gravement atteinte ».

CONCLUSION DE LA DEUXIÈME PARTIE

En raison de son caractère très particulier, nous avons pu constater que la mise en œuvre de la procédure d'outrage entraîne un nombre important de problématiques nouvelles pour les TPI aussi bien lors de la phase préalable au procès que lors de la phase décisoire. Les juges tentent généralement d'y apporter des solutions, soit jurisprudentielles, soit en modifiant le Règlement. Si l'incrimination de l'outrage aux TPI a entrainé un grand nombre de difficultés, c'est également un outil permettant de faire jaillir de nouvelles solutions juridiques utiles au plus grand nombre.

[228] *The Prosecutor c. Astrit Haraqija and Bajrush Morina,* case No IT-04-84-R77.4-A, Judgement, 23 juillet 2009, par. 28.

CONCLUSION GÉNÉRALE

Il était admis, préalablement à cette étude, que l'outrage est une incrimination bien différente de celle que les TPI ont habituellement à connaître. Mais cette étude a permis de mettre en évidence la grande originalité de cette incrimination et, en conséquence, l'ampleur des problématiques qui découle de sa mise en œuvre. Cette étude a également permis de mettre en exergue l'outil juridique formidable qu'est l'outrage.

L'outrage est, dans un premier temps, un outil à disposition des TPI. Si les juges des TPI ont reconnu leur compétence en matière d'outrage et ont, au fil des modifications de l'article 77, précisé le nombre important de comportements pouvant être mis en cause, c'est parce que l'incrimination de ces comportements leur est utile. En effet, la primauté du droit est essentielle pour assurer le fonctionnement d'une société à travers le maintien de la paix et de l'ordre qu'elle entraîne. Cette primauté du droit est un des fondements de la société. Mais ce principe est tributaire de la capacité des tribunaux à maintenir le respect et la dignité et à faire appliquer leurs actes. L'incrimination de l'outrage est un outil des TPI en ce qu'elle leur permet d'assurer une certaine police de l'audience et de faire respecter leurs décisions. Les procès pour outrage, nous l'avons vu, ont également permis la résolution d'autres questions juridiques qui seront utiles plus largement. À ce titre, on peut envisager le procès pour outrage comme un laboratoire du droit permettant de faire émerger rapidement des solutions juridiques.

L'outrage est également un outil pour la Justice pénale internationale dans son ensemble. C'est d'ailleurs ce critère qu'ont mis en avant les TPI pour affirmer leur compétence dans ce domaine. L'incrimination de l'outrage par les TPI permet à la Justice pénale internationale d'assurer son efficacité et sa crédibilité. Lorsque l'outrage permet par exemple d'assurer que des accords de confidentialité passés entre les TPI et les États soient respectés, il s'agit bien d'assurer l'efficacité de la Justice pénale internationale dans son ensemble puisque celle-ci est tributaire – au moins au départ - de la volonté des États. Cette idée s'est également parfaitement illustrée dans la jurisprudence du TPIY lorsque la Chambre d'appel a déclaré dans l'affaire *Vujin,* que le comportement du conseil « est un coup porté au cœur même de la justice pénale »[229].

En filigrane, on a pu apercevoir, par cette étude, une utilisation plus surprenante de l'incrimination d'outrage. En effet, de façon plus étonnante, l'outrage peut se transformer en un outil pouvant servir les accusés des TPI. On pense dès lors à l'éventuelle reconnaissance de comportements outrageants des membres du Bureau du Procureur. Mais, comme nous l'avons vu, cette situation n'a jamais donné lieu encore à condamnation. On pense donc plutôt à une utilisation détournée, résultant de la mise en œuvre de ce que Jacques Vergès avait appelé dans les années 1960, la « défense de rupture » en opposition à la « défense de connivence »[230]. Marcel Willard, avocat de Dimitrov, avait, déjà en 1951, théorisé la « défense de rupture » sans lui donner ce nom[231]. Dans son guide, destiné aux militants communistes, l'avocat tirait les leçons des procès intentés

---

229 Arrêt *Vujin*, par. 167. Dans cette affaire, les faits étaient encore plus compliqués puisqu'il a été allégué que le conseil de l'Accusé protégeait les intérêts des autorités serbes et qu'il ne voulait pas vraiment défendre ceux de son client sauf dans la mesure où ceux-ci coïncidaient avec ceux des autorités.

230 Jacques Vergès, *De la stratégie judiciaire*, Ed. De Minuit, 1981 (2ème édition).

231 Marcel Willard, *La défense accuse*, Éditions sociales, 1951, 310 p.

aux résistants et tentait, déjà, d'analyser les procès de masse. Plusieurs années plus tard, Jacques Vergès écrivait que « [d]ans la plupart des procès de rupture, le but de la défense n'est pas tant de faire acquitter l'accusé que de mettre en lumière ses idées »[232]

Ainsi, c'est cette stratégie qu'adoptent certains accusés devant les TPI. Ce fût le cas de Slobodan Milošević ou, encore actuellement, de Vojislav Šešelj, dont il a déjà été beaucoup question dans cette étude. Ces deux accusés ont adopté une défense dite de rupture en utilisant toutes les méthodes utiles à la contestation brutale du tribunal dont le point de départ est le refus de se faire attribuer un Conseil. Vojislav Šešelj ira jusqu'à effectuer une grève de la faim pour obtenir gain de cause. Une fois seul pour se représenter en audience, la position de l'accusé devient prédominante et lui permet d'utiliser le tribunal comme une tribune pour ses idées politiques. Jacques Vergès expliquait que par cette stratégie de défense, « [l]es faits passent au deuxième plan, ainsi que les circonstances de l'action ; au premier plan apparaît soudain la contestation brutale de l'ordre public »[233]. Précisons que ce type de défense est d'autant plus alléchante pour les accusés que les audiences sont retransmises en direct dans les pays d'ex-Yougoslavie et qu'ils sont, pour un certains nombre, considérés comme des héros par certains groupes de leurs pays d'origine. Le discours alors adopté par les accusés revient, selon la formule employée par Elisabeth Claverie, à insinuer que « les véritables bourreaux ne sont pas ceux qu'on croit, ou en tout cas, [qu']ils ne sont pas les seuls »[234].

---

[232] Jacques Vergès, *De la stratégie judiciaire*, Ed. De Minuit, 1981 (2ème édition), p. 104.

[233] Jacques Vergès, *De la stratégie judiciaire*, Ed. De Minuit, 1981 (2ème édition), p. 86.

[234] Elisabeth Claverie, « Ménager la victime ? Ménager le coupable ? Jugement, révision et histoire devant le Tribunal pénal pour l'ex-Yougoslavie », *Droit et cultures*, 58 | 2009-2.

Dans ce contexte, l'outrage est un instrument au service de la stratégie de défense de l'accusé. Être accusé et condamné pour outrage au Tribunal conforte le discours de l'accusé basé sur l'existence d'une sorte de complot dont le TPI serait le bras armé. Vojislav Šešelj emploie par exemple, à plusieurs reprises, en s'adressant aux juges, les termes « vos employés » ou « vos collaborateurs » pour parler de l'ensemble du personnel du Tribunal. Ce faisant, il appuie son idée selon laquelle il n'y a pas de différence entre les juges et le Procureur et que tous travaillent ensemble dans le même objectif. Il défie constamment le tribunal :

> Il est vrai que je ne reconnais pas et je ne reconnaîtrai jamais la légalité ni la légitimité de ce Tribunal. Je vous l'ai déjà dit il y a plusieurs mois. C'est mon droit; cependant, je reconnais que ce Tribunal constitue une force matérielle qui est capable de me réduire à l'esclavage, de me garder ici pendant cinq ans, et de m'intenter un procès monté de toute pièce sur la base d'une culpabilité fictive. Il me semble qu'il est dans mon intérêt de répondre aux accusations mensongères de ce Tribunal et de me présenter moi-même devant ce Tribunal. C'est la raison pour laquelle j'ai décidé de prendre part à ce procès[235].

Sa première condamnation pour outrage le conforte dans son discours victimaire et ne l'empêche en rien de continuer à entrer en confrontation brutale avec le tribunal notamment en publiant des informations confidentielles continuant ainsi son travail d'obstruction[236]. À l'heure de

---

[235] Elisabeth Claverie, « Ménager la victime ? Ménager le coupable ? Jugement, révision et histoire devant le Tribunal pénal pour l'ex-Yougoslavie », *Droit et cultures*, 58 | 2009-2, par. 17, Procès de Vojislav Šešelj. Audience du 27 septembre 2007.

[236] Elisabeth Claverie préfère parler de « défense d'obstruction » concernant Vojislav Šešelj : Elisabeth Claverie, « Ménager la victime ?

conclure cette étude, une troisième procédure pour outrage s'ouvre à l'encontre de Vojislav Šešelj[237]. Il est mis en cause pour ne pas avoir retiré des informations confidentielles de son site Internet privé, en violation des ordonnances d'une Chambre. Cette nouvelle procédure confirme l'analyse selon laquelle ce type de procédures est utilisé par l'Accusé afin d'entrer en confrontation avec le TPIY. En outre, la multiplication des procédures entraîne un rallongement de la procédure initiale empêchant ainsi le tribunal d'achever ses travaux et permettant dans le même temps à l'Accusé d'alimenter son discours victimaire.

Ainsi, si l'outrage est un instrument juridique utile aux TPI et à la Justice pénale internationale dans son ensemble, il est également détourné et utilisé par certains accusés pour servir leur stratégie de défense. Cette dernière utilisation de l'outrage n'avait sans doute pas été envisagée par les premiers rédacteurs des Règlements et ouvre de nouvelles perspectives d'analyses. Néanmoins, l'incrimination de l'outrage a été reprise par la Cour pénale internationale au sein de son texte fondateur et sous le nom des « atteintes à l'administration de la justice »[238] , confirmant ainsi, malgré les revers, son indéniable utilité.

Ménager le coupable ? Jugement, révision et histoire devant le Tribunal pénal pour l'ex-Yougoslavie », *Droit et cultures*, 58 | 2009-2, par. 8.

[237] *Prosecutor v. Vojislav Šešelj*, Case No IT-03-67-R77.4, Public edicted version of « decision on failure to remove confidential information from public website and order in lieu of indicment » issued on 9 mai 2011, 24 mai 2011.

[238] Article 70 du Statut de la Cour pénale internationale.

BIBLIOGRAPHIE

I. – Ouvrages généraux

- ASCENSIO Hervé, DECAUX Emmanuel, PELLET Alain (dir.), *Droit international pénal*, Pedone, 2000, 1053 p. ;

- BARBIER Georges, *Code expliqué de la presse : Traité général de la police de la presse et des délits de publication*, tome II, Marchal & Billard, 1887, 586 p. ;

- CALVO-GOLLER Karin N., *The Trial Proceedings of the International Criminal Court, ICTY and ICTR Precedents*, Martinus Nijhoff Publishers, Leiden / Boston, 2006, 561 p. ;

- CARTER Raymond, *Le tribunal pénal international pour l'ex-Yougoslavie*, Droit de la Sécurité et de la Défense, L'Harmattan, 2005, 329 p. ;

- DANET Jean, *La justice pénale entre rituel et management*, coll. L'univers des normes, Presses Universitaires de Rennes, 2010, 282 p. ;

- DAVID Éric, *Éléments de droit pénal international et européen*, Bruxelles, Bruylant 2009, 1566 p. ;

- DAVID Eric, KLEIN Pierre, LA ROSA Anne-Marie, *Tribunal pénal international pour le Rwanda : recueil des ordonnances, décisions, jugements et arrêts (1998)*, Nations Unies et centre de droit international, Université Libre de Bruxelles, vol. 2, Bruylant, 2003, 1462 p. ;

- DEL PONTE Carla, SUDETIC Chuck, et TAUDIÈRE Isabelle, *La Traque, les criminels de guerre et moi*, Héloïse d'Ormesson, 2009, 648 p. ;

- GRELLET-DUMAZEAU Thierry, *Traité de la diffamation, de l'injure et de l'outrage*, tome 1, Riom, 1847, 428 p. ;

- HARTMANN Florence, *Paix et châtiment : Les Guerres secrètes de la politique et de la justice internationale*, Flammarion, 2007, 276 p. ;

- JONES John R.W.D., POWLES, Steven, *International Criminal Practice*, Transnational Publishers, 3rd ed., 2003, 1130 p. ;

- LA ROSA Anne-Marie, *Juridictions pénales internationales. La procédure et la preuve*, publications de l'I.U.H.E.I., Genève, P.U.F., 2003, 507 p. ;

- MÉGRET Frédéric, *Le Tribunal pénal international pour le Rwanda*, Cedin Paris 1, Perspectives internationales n° 23, 2002, 249 p. ;

- MILLER C.J, *Contempt of Court*, Third Edition, New-York, Oxford University Press, 2000, 769 p. ;

- VERGÈS Jacques, *De la stratégie judiciaire*, Editions De Minuit, 1981 (2ème édition), 224 p. ;

- WILLARD Marcel, *La défense accuse*, Éditions sociales, 1951, 310 p.

II. – Ouvrages spéciaux : thèses et monographies

- CHUN Joyce Michèle, *Taking contempt seriously (contempt of court)*, Edmonton, University of Alberta, 1998, 187 p. ;

- DE CAMBIAIRE Jean, *Outrage envers les Magistrats*, Université de Toulouse, 1908, 158p. ;

- TRACOL Xavier, *Les procédures d'appel et de révision devant les juridictions pénales internationales : une synthèse inégale entre les influences des systèmes nationaux romano-germaniques et de common law,* Université Paris-Ouest, Nanterre/La Défense, sous la direction du Professeur Alain Pellet, 5 décembre 2009, 483 p. ;

- UBEDA-SAILLARD Muriel, *La coopération des États avec les juridictions pénales internationales*, Université Paris-Ouest, Nanterre/La Défense, sous la direction du Professeur Alain Pellet, 4 décembre 2009, 797 p.

III. – Articles, rapports et chroniques

- ASCENSIO Hervé, « L'amicus curiae devant les juridictions internationales », *Revue générale de droit international public*, vol. CV, 2001, pp. 897-930 ;

- ASCENSIO Hervé, « The rules of Procedure and Evidence and the ICTY », *Leiden Journal of International Law*, vol. 9, 1996, pp. 467-478 ;

- ASCENSIO Hervé, MAISON Rafaëlle, « L'activité des Tribunaux pénaux internationaux (1998) ». *In : Annuaire français de droit international*, volume 44, 1998, pp. 370-411 ;

- ASCENSIO Hervé, MAISON Rafaëlle, « L'activité des tribunaux pénaux internationaux ». *In : Annuaire français de droit international*, volume 47, 2001, pp. 241-281 ;

- ASCENSIO Hervé, MAISON Rafaëlle, « L'activité des Tribunaux pénaux internationaux ». *In : Annuaire français de droit international*, volume 48, 2002, pp. 381-406 ;

- ASCENSIO Hervé, MAISON Rafaëlle, « L'activité des Tribunaux pénaux internationaux ». *In : Annuaire français de droit international*, volume 53, 2007, pp. 429-473 ;

- ASCENSIO Hervé, MAISON Rafaëlle, « L'activité des Tribunaux pénaux internationaux ». *In : Annuaire français de droit international*, volume 54, 2008-2009, pp. 331-383 ;

- BOHLANDER Michael, « International Criminal Tribunals and Their Power to Punish Contempt and False Testimony », *Criminal Law Forum*, 2001/1, vol. 12, pp. 91- 118 ;

- BONNET Lætitia, « La protection des témoins par le Tribunal pénal International pour l'ex-Yougoslavie », *Droit fondamentaux*, n°5, 2005, 41 p. ;

- BUTEAU Michèle, OOSTHUIZEN Gabriel, « When the Statute and Rules Are Silent : The Inherent Powers of the Tribunal », *in* MAY Richard and others (eds.),

Essays on ICTY Procedure and Evidence in Honour of Gabrielle Kirk McDonald, The Hague, London, Boston, Kluwer Law International, 2001, pp. 65-81 ;

- CLAVERIE Élisabeth, « Bonne foi et bon droit d'un génocidaire », *Droit et société*, 2009/3 n°73, pp. 635-664 ;

- CLAVERIE Élisabeth, « Ménager la victime ? Ménager le coupable ? Jugement, révision et histoire devant le Tribunal pénal pour l'ex-Yougoslavie », *Droit et cultures*, 58 | 2009-2 ; pp. 141-159 ;

- COSNARD Michel, « Les 'immunités de témoignage' devant les Tribunaux pénaux internationaux », *In : Actualité de la jurisprudence pénale internationale : à l'heure de la mise en place de la CPI*, sous la direction de Paul Tavernier, Bruxelles : Bruylant, 2004, 1 vol. , pp. 137-167 ;

- CÔTÉ Luc, « International criminal justice : tightening up the rules of the game », *International Review of the Red Cross,* vol. 88, No 861, mars 2006, pp. 133-144 ;

- FRONZA Emanuela, « Principe de légalité et délits contre l'administration de la justice », (TPIY, 5 mai 2005, *Le Procureur c/ Beqa Beqaj*, V, CT/MOW/968e jugement), *Revue de science criminelle*, 2005, p. 668 ;

- MAGENDIE Jean-Claude, « Célérité et qualité de la justice », Rapport au Garde des Sceaux, 15 juin 2004, 217 p. ;

- OOSTHUIZEN Gabriel, « Of Misconduct, Contempt, False Testimony, Rule Mutations and other Interesting

Powers : A Potpourri of Questions and Notes », *in* MAY Richard and others (eds.), *Essays on ICTY Procedure and Evidence in Honour of Gabrielle Kirk McDonald*, The Hague, London, Boston, Kluwer Law International, 2001, pp.387-402 ;

- PAVIA Marie-Luce, « Juristes sans Frontières : 'amicus curiae' du Tribunal pénal international pour l'ex-Yougoslavie », *in* Juriste Sans Frontières, *Le Tribunal pénal international de La Haye – Le droit à l'épreuve de la 'purification ethnique'*, L'Harmattan, coll. Logiques juridiques, 2000, p. 241 ;

- PHILLIMORE Henri, *Report of the Committee on Contempt of Court,* H.M. Stationery Off., London, 1974, vi, 108 p. ;

- SWOBODA Sabine, « Confidentiality for the protection of national security interests », *Revue internationale de droit pénal,* 2010/1, Vol. 81, pp. 209-229 ;

- TRACOL Xavier, « Le rôle du procureur au Tribunal pénal international pour l'ex-Yougoslavie, Revue de science criminelle », *Revue de science criminelle*, 2007, p. 401 ;

- « La France ne remettra pas Florence Hartmann au TPIY », *Lemonde.fr avec AFP*, 16 novembre 2011, mis à jour le 26 décembre 2011.

IV. – Documents officiels

1. Tribunal pénal international pour l'ex-Yougoslavie

a) Rapports (classés par ordre chronologique)

- Sixième rapport annuel du Tribunal pénal international chargé de juger les personnes accusées de violations graves du droit international humanitaire commises sur le territoire de l'ex-Yougoslavie depuis 1991, Doc. N.U. A/54/187 - S/1999/846, 25 août 1999 ;

- Septième rapport annuel du Tribunal pénal international chargé de juger les personnes accusées de violations graves du droit international humanitaire commises sur le territoire de l'ex-Yougoslavie depuis 1991, Doc. N.U. A/55/273 - S/2000/777, 7 août 2000 ;

- Huitième rapport annuel du Tribunal international chargé de juger les personnes accusées de violations graves du droit international humanitaire commises sur le territoire de l'ex-Yougoslavie depuis 1991, Doc. N.U. A/56/352 – S/2001/865, 17 septembre 2001 ;

- Neuvième rapport annuel du Tribunal international chargé de poursuivre les personnes présumées responsables de violations graves du droit international humanitaire commises sur le territoire de l'ex-Yougoslavie depuis 1991, Doc. N.U. A/57/379 – S/2002/985, 4 septembre 2002 ;

- Dixième rapport annuel du Tribunal international chargé de poursuivre les personnes présumées responsables de violations graves du droit international humanitaire commises sur le territoire de l'ex-

Yougoslavie depuis 1991, Doc. N.U. A/58/297 – S/2003/829, 20 août 2003 ;

- Onzième rapport annuel du Tribunal pénal international chargé de juger les personnes accusées de violations graves du droit international humanitaire commises sur le territoire de l'ex-Yougoslavie depuis 1991, Doc. N.U. A/59/215 - S/2004/627, 16 août 2004 ;

- Douzième rapport annuel du Tribunal international chargé de poursuivre les personnes présumées responsables de violations graves du droit international humanitaire commises sur le territoire de l'ex-Yougoslavie depuis 1991, Doc. N.U. A/60/267 – S/2005/532, 17 août 2005 ;

- Seizième rapport annuel du Tribunal international chargé de poursuivre les personnes présumées responsables de violations graves du droit international humanitaire commises sur le territoire de l'ex-Yougoslavie depuis 1991 , Doc. N.U. A/64/205 - S/2009/394, 31 juillet 2009 ;

- Dix-septième rapport annuel du Tribunal international chargé de juger les personnes accusées de violations graves du droit international humanitaire commises sur le territoire de l'ex-Yougoslavie depuis 1991, Doc. N.U. A/65/205 – S/2010/413, 30 juillet 2010.

b) Autres documents officiels (classés par ordre chronologique)

- Règlement de procédure et de preuve du Tribunal pénal international pour l'ex-Yougoslavie adopté le 11 février 1994, IT/32, 14 mars 1994 ;

- Règlement de procédure et de preuve du Tribunal pénal international pour l'ex-Yougoslavie, IT/32/Rev.12, 12 novembre 1997 ;

- Règlement de procédure et de preuve du Tribunal pénal international pour l'ex-Yougoslavie, IT/32/Rev. 14, 17 décembre 1998 ;

- Règlement de procédure et de preuve du Tribunal pénal international pour l'ex-Yougoslavie, IT/32/Rev. 15, 25 février 1999 ;

- Règles de déontologie pour les représentants de l'Accusation, Règlement interne du Procureur n° 2 (1999), 14 septembre 1999 ;

- Règlement de procédure et de preuve du Tribunal pénal international pour l'ex-Yougoslavie, IT/32/Rev.19, 19 janvier 2001 ;

- Règlement de procédure et de preuve du Tribunal pénal international pour l'ex-Yougoslavie, IT/32/Rev. 22, 28 décembre 2001 ;

- Directive pratique définissant la procédure à suivre pour enquêter sur les outrages au tribunal international et en poursuivre les auteurs, IT/227, 6 mai 2004 ;

- Code de déontologie pour les avocats exerçant devant le Tribunal International, IT/125 Rev. 3, 22 juillet 2009 ;

- Statut actualisé du Tribunal Pénal International pour l'ex-Yougoslavie, septembre 2009 ;

- Règlement de procédure et de preuve du Tribunal pénal international pour l'ex-Yougoslavie, IT/32/Rev. 44, 10 décembre 2009 ;

- Lettre datée du 31 mai 2010, adressée au Président du Conseil de sécurité par le Président du Tribunal international chargé de juger les personnes accusées de violations graves du droit international humanitaire commises sur le territoire de l'ex-Yougoslavie depuis 1991, S/2010/270, 1er juin 2010.

2. Tribunal pénal international pour le Rwanda

a) Rapports (classés par ordre chronologique)

- Le septième rapport annuel du Tribunal pénal international chargé de juger les personnes présumées responsables d'actes de génocide ou d'autres violations graves du droit international humanitaire commis sur le territoire du Rwanda et les citoyens rwandais présumés responsables de tels actes ou violations commis sur le territoire d'États voisins, entre le 1er janvier et le 31 décembre 1994 couvre la période du 1er juillet 2001 au 30 juin 2002, A/57/163–S/2002/733 , 2 juillet 2002 ;

- Douzième rapport annuel du Tribunal pénal international chargé de juger les personnes présumées responsables d'actes de génocide ou d'autres violations graves du droit international humanitaire commis sur le territoire du Rwanda et les citoyens rwandais présumés responsables de tels actes ou violations commis sur le territoire d'États voisins entre le 1er janvier et le 31 décembre 1994 , A/62/284–S/2007/502, 21 août 2007 ;

- Treizième rapport annuel du Tribunal pénal international chargé de juger les personnes présumées responsables d'actes de génocide ou d'autres violations graves du droit international humanitaire commis sur le territoire du Rwanda et les citoyens rwandais présumés responsables de tels actes ou violations commis sur le territoire d'États voisins entre le 1er janvier et le 31 décembre 1994 , Doc. N.U. A/63/209–S/2008/514, 4 aout 2008 ;

- Quatorzième rapport annuel du Tribunal pénal international chargé de juger les personnes accusées d'actes de génocide ou d'autres violations graves du droit international humanitaire commis sur le territoire du Rwanda et les citoyens rwandais accusés de tels actes ou violations commis sur le territoire d'États voisins entre le 1er janvier et le 31 décembre 1994 , Doc. N.U. A/64/206–S/2009/396, 30 juillet 2009 ;

- Quinzième rapport annuel du Tribunal pénal international chargé de juger les personnes accusées d'actes de génocide ou d'autres violations graves du droit international humanitaire commis sur le territoire du Rwanda et les citoyens rwandais accusés de tels actes ou violations commis sur le territoire d'États voisins entre le 1er janvier et le 31 décembre 1994, Doc. N.U. A/65/188–S/2010/408, 30 juillet 2010.

b) Autres documents officiels (classés par ordre chronologique)

- Règlement de procédure et de preuve du Tribunal pénal international pour le Rwanda, 29 juin 1995 ;

- Code de déontologie pour les avocats comparaissant devant le Tribunal International, 14 mars 2008 ;

- Règlement de procédure et de preuve du Tribunal pénal international pour le Rwanda, 2 février 2009 ;

- Statut du Tribunal pénal international pour le Rwanda, 31 janvier 2010.

3. Autres (classés par ordre chronologique)

- Accord de Londres portant Statut du Tribunal militaire international de Nuremberg, 8 aout 1945 ;

- Comité des Ministres du Conseil de l'Europe, Recommandation n° R (97) 13 sur l'intimidation des témoins et les droits de la défense, adoptée le 10 septembre 1997 ;

- Statut de Rome de la Cour pénale internationale, Doc. N.U. A/CONF. 183/ 9, 17 juillet 1998, entré en vigueur le 1er juillet 2002 ;

- Mémoire explicatif du Règlement de procédure et de preuve du Président du Tribunal spécial pour le Liban, 25 novembre 2010 ;

- Règlement de procédure et de preuve du Tribunal spécial pour le Liban, STL/BD/2009/01/Rev. 3, 29 novembre 2010.

V. – Jurisprudence

1. Chambre des Lords

- House of Lords, *Attorney General v. Times Newspaper Ltd (*1992), 1 AC 191.

2. Cour européenne des droits de l'Homme (affaires classées par ordre alphabétique des noms de famille des accusés)

- CEDH, *Bykov c/ Russie*, Grande Chambre, Requête n° 4378/02, 10 mars 2009 ;

- CEDH, *Di Mauro c/ Italie*, Requête n° 34256/96, 28 juillet 1999 ;

- CEDH, *H. c/ France*, Requête n°10073/82, 24 octobre 1989 ;

- CEDH, *Handyside c/ Royaume-Uni*, Requête n° 5493/72, 7 décembre 1976 ;

- CEDH, Arrêt de Grande Chambre, *Kyprianou c/ Chypre*, Requête n°73797/01, 15 décembre 2005 ;

- CEDH, *Lucà c/ Italie*, Requête n°33354/96, 27 février 2001 ;

- CEDH, *Moreira de Azevedo c/ Portugal*, Requête n°11296/84, 23 octobre 1990 ;

- CEDH, *Neumeister c/ Autriche,* Requête n° 1936/63, 27 juin 1968 ;

- CEDH, *Putz c. Autriche,* Requête n° 57/1994/504/586, 22 février 1996 ;

- CEDH, *Ravnsborg c. Suède*, Requête n°14220/88, 23 mars 1994 ;

- CEDH, *Sunday Times c/ Royaume-Uni,* Requête n°6538/74, 26 avril 1979 ;

- CEDH, *Wemhoff c/ Allemagne*, Requête n° 2122/64, 27 juin 1968.

3. Cour internationale de justice

- CIJ, *Affaire du Cameroun septentrional*, Cameroun c/ Royaume-Uni, arrêt du 2 décembre 1963 ;

- CIJ, *Affaire des Essais nucléaires*, Australie c/ France, Arrêt du 20 décembre 1974.

4. Cour pénale internationale

- CPI, *Le Procureur c. Thomas Lubanga Dyilo,* affaire n° ICC-01/04-01/06-772-tFR., Arrêt relatif à l'appel interjeté par Thomas Lubanga Dyilo contre la décision du 3 octobre 2006 relative à l'exception d'incompétence de la Cour soulevée par la Défense en vertu de l'article 19-2-a du Statut, 14 décembre 2006.

5. Tribunal militaire américain siégeant à Nuremberg (affaires classées par ordre alphabétique des noms de famille des accusés)

- *États-Unis c/ Joseph Altstoetter*, 17 juillet 1947 ;

- *États-Unis c/ Karl Brandt*, 27 juin 1947 ;

- *États-Unis c/ Alfried Krupp von Bohlen une Halbach,* 21 janvier 1948.

6. Tribunal pénal international pour l'ex-Yougoslavie (affaires classées par ordre alphabétique des noms de famille des accusés puis par ordre chronologique)

- TPIY, *Le Procureur c/ Zdravko Aleksovski*, affaire n° IT-95-14/1-A, Arrêt, 24 mars 2000 ;

- TPIY, *Le Procureur c/ Aleksovski*, affaire n°IT-95-14/1-AR-R77, Chambre d'appel, Arrêt relatif à l'appel de la décision portant condamnation pour outrage au Tribunal interjeté par Anto Nobilo, 30 mai 2001 ;

- TPIY, *Le Procureur c/ Beqa Beqaj*, affaire n°IT-03-66-T-R77, Jugement relatif aux allégations d'outrage, 27 mai 2005 ;

- TPIY, *Le Procureur c/ Vidoje Blagojević*, affaire n° IT-02-60-R, Décision relative à la demande de dessaisissement de juges, 2 juillet 2008 ;

- TPIY, *Le Procureur c/ Blaškic*, affaire n° IT-95-14-AR108bis, Arrêt relatif à la requête de la République de Croatie aux fins d'examen de la décision de la Chambre de première instance II rendue le 18 juillet 1997, 29 octobre 1997 ;

- TPIY, *Le Procureur c/ Radoslav Brđanin, Concernant les allégations formulées à l'encontre de Milka Maglov*, affaire n°IT-99-36-R77, Décision relative à la demande d'acquittement introduite en vertu de l'article 98*bis* du Règlement, 19 mars 2004 ;

- TPIY, *Le Procureur c/ Zejnil Delalić, Zdravko Mucić alias "Pavo", Hazim Delić, Esad Landzo alias "Zenga"*, affaire n°IT-96-21-T, Décision du Président relative à la requête de l'accusation aux fins de la production de notes échangées entre Zjenil Delalić et Zdravko Mucić, 11 novembre 1996 ;

- TPIY, *Le Procureur c. Zeljnil Delalić, Zdravko Mucić (alias « Pavo »), Hazim Delić et Esad Landzo (alias « Zenga »)*, affaire n° IT96-21-T, Jugement, 16 novembre 1998 ;

- TPIY, *Le Procureur c. Zeljnil Delalić, Zdravko Mucić (alias « Pavo »), Hazim Delić et Esad Landzo (alias « Zenga »)*, affaire n° IT96-21-A, Arrêt, 20 février 2001 ;

- TPIY, *Le Procureur c/ Furundžija*, affaire n° IT-95-17/1-A, Arrêt, 21 juillet 2000 ;

- TPIY, *Le Procureur c/ Astrit Haraqija et Bajrush Morina*, affaire n°IT-04-84-R77.4, Jugement relatif aux allégations d'outrage, 17 décembre 2008 ;

- TPIY, *The Prosecutor c. Astrit Haraqija and Bajrush Morina,* case No IT-04-84-R77.4-A, Judgement, 23 july 2009 ;

- TPIY, *In the Case of Florence Hartmann,* case No IT-02-54-R77.5, Defence Motion for Disqualification of Two Members of the Trial Chamber and of Senior Legal Officer in Charge of the Case, version confidentielle déposée le 3 février 2009 et version publique déposée le 6 février 2009 ;

- TPIY, *Dans la procédure ouverte contre Florence Hartmann,* affaire n° IT-02-54-R77.5, Rapport concernant la décision relative à la demande de récusation visant deux juges de la Chambre de première instance et le juriste hors classe chargé de l'affaire présentée par la Défense, version confidentielle déposée le 25 mars 2009 et version publique déposée le 27 mars 2009 ;

- TPIY, *Dans la procédure ouverte contre Florence Hartmann*, affaire n°IT-02-54-R77.5, Jugement relatif aux allégations d'outrage, 14 septembre 2009 ;

- TPIY, *Dans la procédure ouverte contre Florence Hartmann*, affaire n°IT-02-54-R77.5-A, Arrêt, 19 juillet 2011 ;

- TPIY, *Le Procureur c/ Baton Haxhiu*, affaire n°IT-04-84-R77.5, Jugement relatif aux allégations d'outrage, 24 juillet 2008 ;

- TPIY, *Le Procureur c/ Dragan Jokić*, affaire n°IT-05-88-R77.1, Jugement relatif aux allégations d'outrage, version publique expurgée, 27 mars 2009 ;

- TPIY, *Le Procureur c. Dusko Jovanović,* n° IT-02-54-R77.2, Décision confirmant le retrait de l'acte d'accusation et la clôture de la procédure, 19 avril 2004 ;

- TPIY, *Le Procureur c/ Josip Jović*, affaire n°IT-95-14 & IT-95-14/2-R77, Jugement, 30 août 2006 ;

- TPIY, *Le Procureur c/ Josip Jović,* affaire n° IT-95-14 & IT-95-14/2-R77, Arrêt, 15 mars 2007 ;

- TPIY, *The Prosecutor v. Milan Lukić and Sredoje Lukić*, case No IT-98-32/1-T, Decision on Motion for Disqualification, 12 janvier 2009 ;

- TPIY, *Le Procureur c/ Domagoj Margetić*, affaire n°IT-95-14-R77.6, Jugement relatif aux allégations d'outrage, 7 février 2007 ;

- TPIY, *Le Procureur c/ Ivica Marijačić et Markica Rebić*, affaire n°IT-95-14-R77.2, Jugement, 10 mars 2006 ;

- TPIY, *Le Procureur c/ Ivica Marijačić et Markica Rebić*, affaire n°IT-95-14-R77.2-A, Arrêt, 27 septembre 2006 ;

- TPIY, *Le procureur c/ Slobodan Milošević*, affaire n°IT-02-54-T-R77, Décision de la Chambre de première instance relative au témoin K12, 21 novembre 2002 ;

- TPIY, *Le procureur c/ Slobodan Milošević*, *Poursuites engagées contre Kosta Bulatović pour outrage*, affaire n°IT-02-54-R77.4, Décision relative à une affaire d'outrage au tribunal, 13 mai 2005 ;

- TPIY, *Le Procureur c/ Slobodan Milošević*, affaire n° IT-02-54-T-R77.4, Opinion individuelle du Juge Bonomy concernant l'outrage au Tribunal, 13 mai 2005 ;

- TPIY, *Le procureur c/ Slobodan Milošević*, affaire n°IT-02-54-A-R77.4, Arrêt interlocutoire concernant les poursuites engagées contre Kosta Bulatovic pour outrage, 29 août 2005 ;

- TPIY, *Le Procureur c. Dragan Nikolić,* affaire n° IT-94-2-AR73, Décision relative à l'appel interlocutoire concernant la légalité de l'arrestation, 5 juin 2003 ;

- TPIY, *Dans l'affaire contre Ljubiša Petković*, affaire n°IT-03-67-R77.1, Version expurgée du jugement prononcé le 11 septembre 2008, 11 septembre 2008 ;

- TPIY, *Le Procureur c/ Prlić et consorts*, affaire n° IT-04-74-AR73.6, Décision relative aux appels interjetés contre la décision d'admission de la transcription de l'audition de l'interrogatoire de Jadranko Prlić, 23 novembre 2007 ;

- TPIY, *Le Procureur c/ Vojislav Šešelj*, affaire n° IT-03-67-PT, Décision relative à la requête aux fins du dessaisissement du Procureur du Tribunal international – Carla Del Ponte, 2 décembre 2004 ;

- TPIY, *Le Procureur c/ Vojislav Šešelj*, affaire n° IT-03-67-PT, Décision relative à la demande de dessaisissement des juges Alphons Orie, Patrick Robinson et Frank Höpfel, 16 février 2007 ;

- TPIY, *Le Procureur c/ Vojislav Šešelj*, affaire n°IT-03-67-T, Version expurgée de la « décision relative aux requêtes de l'Accusation et de l'Accusé aux fins d'engager des procédures d'outrage contre Mme Dahl (du bureau du Procureur) et M. Vučić (collaborateur de l'Accusé) » en date du 10 juin 2008, 8 juillet 2008 ;

- TPIY, *Le Procureur c/ Vojislav Šešelj*, affaire n°IT-03-67-R77.2, Décision relative aux allégations d'outrage, version publique, 21 janvier 2009 ;

- TPIY, *Le Procureur c/ Vojislav Šešelj,* affaire n° IT-03-67-T, Décision relative à la requête de l'accusation aux fins d'ajournement avec en annexe l'opinion dissidente du Juge Antonetti, 11 février 2009 ;

- TPIY, *Le Procureur c/ Vojislav Šešelj*, affaire n°IT-03-67-R77.2, Version publique et expurgée du « Jugement relatif aux allégations d'outrage » rendu le 24 juillet 2009, 24 juillet 2009 ;

- TPIY, *Le Procureur c/ Vojislav Šešelj,* affaire n° IT-03-67-T, Version publique de la « Décision consolidée relative à l'imposition d'un conseil, l'ajournement, et la requête de l'accusation sur les heures supplémentaires avec en annexe l'opinion individuelle du Juge Antonetti, Président de la Chambre », 24 novembre 2009 ;

- TPIY, *Prosecutor v. Vojislav Šešelj*, Case No. IT-03-67-R77.2-A, Judgement, 19 mai 2010 ;

- TPIY, *Le Procureur c/ Vojislav Šešelj*, affaire n°IT-03-67-T, Version expurgée de la « décision en reconsidération de la décision du 15 mai 2007 sur la requête pour outrage de Vojislav Šešelj contre Carla Del Ponte, Hildegard Uertz-Retzlaff et Daniel Saxon », 29 juin 2010 ;

- TPIY, *The Prosecutor v. Vojislav Šešelj, Chamber convened by order of the President*, case No IT-03-67-R77.3, Decision on Motion by Professor Vojislav Šešelj for the Disqualification of Judges O-Gon Kwon and Kevin Parker, 19 november 2010 ;

- TPIY, *Prosecutor v. Vojislav Šešelj*, Case No IT-03-67-R77.4, Public edicted version of « decision on failure to remove confidential information from public website and order in lieu of indicment » issued on 9 may 2011, 24 mai 2011 ;

- TPIY, *Le Procureur c/ Vojislav Šešelj*, affaire n° IT-03-67-T, Décision portant nouvel enregistrement de la version publique expurgée du rapport de l'*amicus curiae*, 28 octobre 2011 ;

- TPIY, *Le Procureur c/ Duško Sikirica et consorts*, affaire n°IT-95-8-S, Ordonnance du Président relative à la libération anticipée de Dragan Kolundzija, 5 décembre 2001 ;

- TPIY, *Le Procureur c/ Blogaje Simić, Milan Simić, Miroslav Tadić, Steven Todorović, Simo Zarić*, affaire n°IT-95-9-R77, Jugement relatif aux allégations d'outrage formulées à l'encontre d'un accusé et de son conseil, 30 juin 2000 ;

- TPIY, *Procureur c/ Zuhdija Tabaković*, affaire n° IT-98-32/1-R77.1, Jugement portant condamnation, 18 mars 2010 ;

- TPIY, *Le Procureur c/ Duško Tadić*, affaire n°IT-94-1-A, Jugement, 15 juillet 1999 ;

- TPIY, *Le Procureur c/ Duško Tadić*, affaire n° IT-94-1-A et IT-94-1-Abis, Arrêt concernant les jugements relatifs à la sentence, 26 janvier 2000 ;

- TPIY, *Le Procureur c/ Duško Tadić*, affaire n°IT-94-1-A-AR77, Décision relative à la demande d'interjeter appel, 25 octobre 2000 ;

- TPIY, *Le Procureur c/ Duško Tadić,* affaire n° IT-94-1-A-R77, Chambre d'appel, Arrêt relatif aux allégations d'outrage formulées à l'encontre du précédent conseil, Milan Vujin, 31 janvier 2000 ;

- TPIY, Le Procureur c/ *Duško Tadić,* affaire n° IT-94-1-A-R77, Chambre d'appel, Arrêt confirmatif relatif aux allégations d'outrage formulées à l'encontre du précédent Conseil, Milan Vujin, 27 février 2001 ;

- TPIY, *Le Procureur c/ Berko Zečević*, Ordonnance tenant lieu d'acte d'accusation, affaire n°IT-95-5/18-R77.1, 4 février 2011 rendu public le 15 février 2011.

7. Tribunal pénal international pour le Rwanda affaires (classées par ordre alphabétique des noms de famille des accusés puis par ordre chronologique)

- TPIR, *Le Procureur c/ Jean-Paul Akayesu*, affaire n° ICTR-96-T, Jugement, 2 septembre 1998 ;

- TPIR, *Le Procureur c. Jean-Bosco Barayagwiza,* affaire n° ICTR-97-19-AR72, Arrêt, 3 novembre 1999 ;

- TPIR, *Le Procureur c. Jean-Bosco Barayagwiza*, affaire n° ICTR-97-19-AR72, Arrêt (Demande du Procureur en révision ou réexamen), 31 mars 2000 ;

- TPIR, *The Prosecutor v. GAA,* Case No. ICTR-07-90-R77-I, Judgement and Sentence, 4 decembre 2007 ;

- TPIR, *Le procureur c/ Juvénal Kajelijeli,* affaire n° ICTR-98-44A-T, Décision sur la requête de Kajelijeli demandant que des membres du Bureau du Procureur soient déclarés coupables d'outrage au Tribunal en vertu de l'article 77 C) du Règlement, 15 novembre 2002 ;

- TPIR, *The Prosecutor v. Léonidas Nshogoza*, Case No. ICTR-07-91-T, Judgement, 7 juillet 2009 ;

- TPIR, *Le Procureur c/ Nderubumwe Rutaganda,* affaire n° ICTR-96-3-A, Arrêt, 26 mai 2003.

VI. – Sites internet

- Cour européenne des droits de l'homme : www.echr.coe.int/

- Fédération internationale des ligues des droits de l'homme : http://www.fidh.org/

- Tribunal pénal international pour l'ex-Yougoslavie : www.un.org/icty/

- Tribunal pénal international pour le Rwanda : www.unictr.org/

TABLE DES MATIÈRES

L'HARMATTAN, ITALIA
Via Degli Artisti 15; 10124 Torino

L'HARMATTAN HONGRIE
Könyvesbolt ; Kossuth L. u. 14-16
1053 Budapest

L'HARMATTAN BURKINA FASO
Avenue Mohamar Kadhafi (Ouaga 2000) – à 200 m du pont échangeur
12 BP 226 OUAGADOUGOU
(00226) 50 37 54 36
harmattanburkina@yahoo.fr

ESPACE L'HARMATTAN KINSHASA
Faculté des Sciences sociales,
politiques et administratives
BP243, KIN XI
Université de Kinshasa

L'HARMATTAN CONGO
67, av. E. P. Lumumba
Bât. – Congo Pharmacie (Bib. Nat.)
BP2874 Brazzaville
harmattan.congo@yahoo.fr

L'HARMATTAN GUINÉE
Almamya Rue KA 028, en face du restaurant Le Cèdre
OKB agency BP 3470 Conakry
(00224) 60 20 85 08
harmattanguinee@yahoo.fr

L'HARMATTAN CÔTE D'IVOIRE
M. Etien N'dah Ahmon
Résidence Karl / cité des arts
Abidjan-Cocody 03 BP 1588 Abidjan 03
(00225) 05 77 87 31

L'HARMATTAN MAURITANIE
Espace El Kettab du livre francophone
N° 472 avenue du Palais des Congrès
BP 316 Nouakchott
(00222) 63 25 980

L'HARMATTAN CAMEROUN
BP 11486
Face à la SNI, immeuble Don Bosco
Yaoundé
(00237) 99 76 61 66
harmattancam@yahoo.fr

L'HARMATTAN SÉNÉGAL
« Villa Rose », rue de Diourbel X G, Point E
BP 45034 Dakar FANN
(00221) 33 825 98 58 / 77 242 25 08
senharmattan@gmail.com

Achevé d'imprimer par Corlet Numérique - 14110 Condé-sur-Noireau
N° d'Imprimeur: 87587 - Dépôt légal: avril 2012 - *Imprimé en France*

www.ingramcontent.com/pod-product-compliance
Lightning Source LLC
LaVergne TN
LVHW021217061026
849535LV00008B/2784